北京中金信合经济研究所
北京农信合信息技术研究所

农村信用社专用图书订单

订购单位及详细地址				
联系人	联系电话		邮编	
编号	书　名		单价	数量
H-001	农村合作金融机构员工学习读本-法律法规知识		19	
H-002	农村合作金融机构员工学习读本-职业道德与行为规范		19	
H-003	农村合作金融机构员工学习读本-现代金融服务礼仪		19	
H-004	农村合作金融机构员工学习读本-现代金融知识		19	
H-005	农村合作金融机构员工学习读本-计算机安全操作知识		19	
H-006	农村合作金融机构员工学习读本-安全保卫知识		19	
H-007	农村合作金融机构员工学习读本-金融从业守法须知		19	
H-008	农村合作金融机构员工学习读本-合规风险管理知识		19	
H-009	农村合作金融机构员工学习读本-金融文体写作知识		19	
H-010	农村合作金融机构岗位培训手册-主任（行长）		29	
H-011	农村合作金融机构岗位培训手册-信贷人员		29	
H-012	农村合作金融机构岗位培训手册-财会人员		29	
H-013	农村合作金融机构岗位培训手册-稽核人员		29	
H-014	农村合作金融机构岗位培训手册-柜员业务		29	
H-015	农村合作金融机构客户经理		30	
H-016	财务报表分析识别与信贷风险防范		30	

H-017	农村合作金融机构信贷风险管理	30	
H-018	农村合作金融机构执行新信贷管理办法培训手册	38	
H-019	农村合作金融机构柜面服务规范培训手册	36	
H-020	新编农村合作金融机构执行新会计准则培训手册	36	
H-021	农村合作金融机构财务管理	32	
H-022	农村合作金融机构纳税筹划	29	
H-023	农村合作金融机构支付结算业务培训手册	35	
H-024	农村合作金融机构票据业务培训手册	33	
H-025	农村合作金融机构外汇业务培训手册	25	
H-026	农村合作金融机构银行卡业务培训手册	25	
H-027	农村合作金融机构个人业务金融业务培训手册	25	
H-028	农村合作金融机构电子银行业务培训手册	25	
H-029	农村合作金融机构代理业务培训手册	25	
H-030	农村信用社贷款五级分类知识读本	26	
H-031	农村信用社依法管贷与依法收贷	42	
H-032	农村信用社经营管理案例分析	54	
H-033	中国农村金融发展研究报告（2009）	680	
共计：_____册		总金额：_____元	

通讯地址：　北京 999 信箱　常燕霞（收）　邮编：100091
联系电话：　62815467　62866362　400-650-5467　13001052386
联系人：　常燕霞　刘老师
开户名称：　北京中金信合信息中心
开户行：　北京农村商业银行西苑支行
账　号：　0403000103000011609
大额支付号：402100000251
电子邮箱：　zjxh89@sina.com

北京信息科技大学2010年度学科与研究生教育提高经费项目
——数量经济学学位点建设资助

农村合作金融机构管理系列丛书

农村合作金融机构
全面风险管理

Nongcun Hezuo Jinrong Jigou
Quanmian Fengxian Guanli

周脉伏 周兰 编著

西南财经大学出版社
SOUTHWESTERN UNIVERSITY OF FINANCE & ECONOMICS PRESS

图书在版编目(CIP)数据

农村合作金融机构全面风险管理/周脉伏,周兰编著.—成都:西南财经大学出版社,2011.5

ISBN 978 - 7 - 5504 - 0251 - 5

Ⅰ.①农… Ⅱ.①周…②周… Ⅲ.①农村—信用合作社—风险管理—研究—中国 Ⅳ.①F832.35

中国版本图书馆 CIP 数据核字(2011)第 072687 号

农村合作金融机构全面风险管理

周脉伏 周 兰 编著

责任编辑:王 利
封面设计:赵 涛
责任印制:封俊川

出版发行	西南财经大学出版社(四川省成都市光华村街 55 号)
网 址	http://www.bookcj.com
电子邮件	bookcj@foxmail.com
邮政编码	610074
电 话	028 - 87353785 87352368
印 刷	北京国防印刷厂
成品尺寸	140mm×203mm
印 张	6.625
字 数	140 千字
版 次	2011 年 5 月第 1 版
印 次	2011 年 5 月第 1 次印刷
书 号	ISBN 978 - 7 - 5504 - 0251 - 5
定 价	26.00 元

序　言

　　商业银行（含农村合作金融机构）的本质是经营风险，风险管理水平影响着银行的盈利水平，也在很大程度上决定了银行的生死存亡。由此可见风险管理对银行类金融机构的重要性。随着我国农村金融体制改革的深入，将会有越来越多的农村金融机构诞生。农村金融业发展的巨大前景同现有金融机构的管理水平之间尚有不小的距离。在金融风险管理方面，许多农村金融机构风险管理者尚缺乏全面风险管理的相关知识，对风险的管理还停留在粗放的和定性管理的水平上，没有掌握现代风险管理的科学方法，致使风险管理的科学水平较低。为了提高农村金融机构风险管理者的管理水平，我们编著了《农村合作金融机构全面风险管理》一书，旨在从全面风险管理和定性与定量相结合的角度，为农村金融机构风险管理者提供一本有重要参考价值的教材。本书对各类风险管理的分析遵从风险的界定与分类、风险的识别与计量、风险的监控与报告以及风险的防范与化解的范式，注重实用，力图为实际工作者提供一本操作性较强的参考书。

　　本书的编写与出版受到北京信息科技大学 2010 年度学科与研究生教育提高经费项目——数量经济学学位点建设资助（资助号 5028223500），还得到中金信合经济信息研究所的大力支持，西南财经大学出版社的王利编辑为本书的出版付出了大量辛劳，在此谨向北京信息科技大学经济管理学院葛新权院长、中金信合经济信息研究所鲁长华老师、西南财经大学出版社王利老师致以最真诚的谢意！

目　录

第一章　金融风险管理概论 ……………………… (1)

第一节　金融风险概述 ……………………… (1)

一、金融风险的含义 ……………………… (1)

二、金融风险的分类 ……………………… (2)

第二节　金融风险管理的兴起和发展 ………… (5)

第三节　金融风险管理的流程 ………………… (7)

第四节　金融风险管理的主要策略 …………… (9)

一、风险规避策略 …………………………… (9)

二、风险分散策略 …………………………… (10)

三、风险消减策略 …………………………… (10)

四、风险转移策略 …………………………… (11)

五、风险补偿策略 …………………………… (11)

第五节　金融风险管理的组织结构 …………… (12)

一、董事会及最高风险管理委员会 ………… (12)

二、监事会 …………………………………… (13)

三、高级管理层 ……………………………… (14)

四、风险管理部门 …………………………… (15)

五、其他风险控制部门 ……………………… (15)

第六节　巴塞尔风险管理体系 ………………… (16)

第二章　信用风险管理…………………………………（18）

　第一节　信用风险概述…………………………………（18）

　　一、信用风险的定义…………………………………（18）

　　二、信用风险产生的原因……………………………（19）

　　三、信用风险的特征…………………………………（22）

　　四、信用风险和信贷风险的比较……………………（23）

　第二节　信用风险的识别………………………………（24）

　　一、财务分析法………………………………………（24）

　　二、现金流量分析法…………………………………（26）

　　三、非财务分析法……………………………………（26）

　第三节　信用风险的度量………………………………（27）

　　一、传统度量方法……………………………………（28）

　　二、现代主要风险计量模型…………………………（33）

　　三、《巴塞尔新资本协议》计量信用风险的方法

　　　……………………………………………………（43）

　第四节　信用风险的监测与报告………………………（47）

　　一、信用风险的监测对象……………………………（47）

　　二、信用风险监测的主要指标………………………（49）

　　三、风险报告…………………………………………（52）

　第五节　信用风险的控制………………………………（53）

　　一、限额管理…………………………………………（54）

　　二、信用风险缓释……………………………………（55）

　　三、关键业务环节控制………………………………（61）

第三章　市场风险管理 …………………………………（65）

　第一节　市场风险概述 ………………………………（65）

　　一、市场风险的定义 ………………………………（65）

　　二、市场风险的分类 ………………………………（66）

　第二节　市场风险的识别 ……………………………（72）

　　一、即期 ……………………………………………（73）

　　二、远期 ……………………………………………（73）

　　三、期货 ……………………………………………（76）

　　四、互换 ……………………………………………（78）

　　五、期权 ……………………………………………（79）

　第三节　市场风险的计量 ……………………………（82）

　　一、基本概念 ………………………………………（82）

　　二、市场风险计量方法 ……………………………（91）

　第四节　市场风险的监测与报告 ……………………（104）

　第五节　市场风险的控制 ……………………………（107）

　　一、限额管理 ………………………………………（107）

　　二、风险对冲 ………………………………………（109）

　　三、经济资本配置 …………………………………（110）

第四章　操作风险管理 …………………………………（112）

　第一节　操作风险概述 ………………………………（113）

　　一、操作风险的定义 ………………………………（113）

　　二、操作风险产生的原因 …………………………（113）

　　三、操作风险的特征 ………………………………（115）

　　四、操作风险的分类 ………………………………（117）

第二节 操作风险的识别 ……………………（122）

第三节 操作风险的度量 ……………………（124）

　　一、基本指标法 ……………………（125）

　　二、标准法 ……………………（126）

　　三、替代标准法 ……………………（128）

　　四、高级计量法 ……………………（128）

第四节 操作风险的监测与报告 ……………（134）

　　一、风险诱因/环节 ……………………（134）

　　二、关键风险指标 ……………………（134）

　　三、风险报告 ……………………（138）

第五节 操作风险的控制 ……………………（139）

　　一、操作风险控制环境 ………………（139）

　　二、操作风险缓释 ……………………（142）

第五章 流动性风险管理 ……………………（146）

第一节 流动性风险概述 ……………………（146）

　　一、流动性风险的定义 ………………（146）

　　二、流动性风险形成的原因 …………（147）

　　三、流动性风险的分类 ………………（148）

第二节 流动性风险识别 ……………………（149）

　　一、资产负债期限结构 ………………（150）

　　二、币种结构 ……………………（151）

　　三、分布结构 ……………………（152）

第三节 流动性风险计量 ……………………（153）

　　一、指标法 ……………………（154）

　　二、现金流分析法 ……………………………（157）

　　三、其他评估方法 ……………………………（158）

　第四节　流动性风险监测与控制 ………………（162）

　　一、流动性风险预警 …………………………（162）

　　二、压力测试 …………………………………（163）

　　三、情景分析 …………………………………（165）

　　四、内部控制 …………………………………（166）

　　五、应急计划 …………………………………（167）

第六章　其他风险管理 ……………………………（170）

　第一节　声誉风险管理 …………………………（170）

　　一、声誉风险管理的内容 ……………………（171）

　　二、声誉风险管理的基本做法 ………………（172）

　第二节　战略风险管理 …………………………（177）

　　一、战略风险管理的作用 ……………………（178）

　　二、战略风险管理的基本做法 ………………（178）

第七章　风险管理文化 ……………………………（185）

　　一、风险管理文化的内涵 ……………………（185）

　　二、风险管理文化的作用 ……………………（186）

　　三、构建先进的风险管理文化 ………………（188）

参考文献 ……………………………………………（197）

第一章　金融风险管理概论

近年来，随着科技和商业活动的发展，金融创新一日千里，资本市场之间的联系更加紧密，银行风险管理水平大大提高。尤其是大型综合性银行，可以不断调整资产组合，使其既不违反现行的资本标准，又能在金融市场进行套利。这些变化导致老《巴塞尔资本协议》在部分发达国家已名存实亡。金融是现代经济的核心，金融的健康平稳发展是保证国民经济持续稳定发展的重要前提。因此，对金融风险管理策略的研究，对于防范和规避金融风险、确保资金安全、提高资金效益具有十分重要的意义。

第一节　金融风险概述

一、金融风险的含义

金融风险，指任何有可能导致企业或机构财务损失的风险。一家金融机构发生的风险所带来的后果，往往超过对其自身的影响。金融机构在具体的金融交易活动中出现的风险，有可能对该金融机构的生存构成威胁；某家金融机构因经营不善而出现危机，有可能对整个金融体系的稳健运行构成威胁；一旦发生系统风险，金融体系运转失灵，必然会导致全社会经济秩序混乱，甚至引发严重的政治危机。

二、金融风险的分类

针对国际金融领域的变化，1999 年 6 月，巴塞尔银行监管委员会决定对老《巴塞尔资本协议》进行修订。新协议提出了一个能对风险计量更敏感并与当前市场状况相一致的新资本标准，明确将市场风险和经营风险纳入风险资本的计算和监管框架，并要求银行对风险资料进行更多的公开披露，从而使市场约束机制成为监管的有益补充。此外，在计算信用风险的标准法中，新协议采用评级公司的评级结果确定风险权重，废除以往以经合组织成员确定风险权重的做法，同时允许风险管理水平较高的银行使用自己的内部评级体系计算资本充足率。

一般来说，按照风险来源的不同，金融风险主要可以分为以下几种类型：

（1）信用风险是由于债务人或市场交易对手的违约（无法偿付或者无法按期偿付）影响金融产品价值而给债权人或金融产品持有者造成损失的可能性。几乎所有的金融交易都涉及信用风险问题，除了传统的金融债务和支付风险外，近年来，随着网络金融市场（如网上银行、网络超市等）的日益壮大，网络金融信用风险问题也变得突出起来。

（2）市场风险是由于市场因素（如利率、汇率、股价以及商品价格等）的波动而导致金融参与者的资产价值发生不利变化的可能性。这些市场因素对金融参与者造成的影响可能是直接的，也可能是通过其竞争者、供应商或者消费者而造成的间接影响。市场风险包括利率风险、汇率风险、股票风险和商品风险四种，其中利率风险最为重要。利率风险是指利率变化使商业银行的实际收益与预期收益或实际成本与预期成本发生背离，使其实际收益低于预期收益，或实际成本高于预期成本，从而使商业银行遭受损失的可能性。

（3）流动性风险是金融参与者由于资产流动性降低而导致损失的可能性。当金融参与者无法通过变现资产，或者无法使资产作为现金等价物来偿付债务时，流动性风险就会发生。流动性风险包括资产流动性风险和负债流动性风险。资产流动性风险是指资产到期不能如期足额收回，进而无法满足到期负债的偿还和新的合理贷款及其他融资需要，从而给金融机构带来损失的风险。负债流动性风险是指金融机构过去筹集的资金特别是存款资金，由于内外因素的变化而发生不规则波动，对其产生冲击并引发相关损失的风险。金融机构筹资能力的变化可能影响原有的筹融资安排，迫使金融机构被动地进行资产负债调整，造成流动性损失。

（4）操作风险是由于金融机构的交易系统不完善，管理失误或其他一些人为错误而导致金融参与者潜在损失的可能性。操作风险可分为人员因素、内部流程、系统缺陷和外部事件四大类别，并由此分为内部欺诈，外部欺诈，就业制度和工作场所安全事件，客户、产品和业务活动事件，实物资产损失，信息科技系统事件，执行、交割和流程管理事件七种可能造成实质性损失的事件类型。目前对操作风险的研究与管理正日益受到重视：从定性方面看，各类机构不断通过努力完善内部控制方法来减少操作风险的可能性；从定量方面看，它们已将一些其他学科的成熟理论（如运筹学方法）引入到了对操作风险的精密管理当中。

（5）国家风险是指在国际经济活动中，由于国家的主权行为而引起的造成损失的可能性。国家风险是由国家主权行为所引起的或与国家的社会变动有关。在主权风险的范围内，国家作为交易的一方，通过其违约行为（例如停付外债本金或利息）直接构成风险，通过政策和法规的变动（例如调整汇率和税率等）间接构成风险。在转移风险范围内，国家不一定是交易的直接参与者，但国家的政策、法规却影响着该国内外的企业或个人的交易行为。

（6）声誉风险是指由商业银行经营、管理及其他行为或外部事件导致利益相关方对商业银行负面评价的风险，是由于社会评价降低而对行为主体造成危险和损失的可能性。良好的声誉是一家银行多年发展积累的重要资源，是银行的生存之本，是维护良好的投资者关系、客户关系以及信贷关系等诸多重要关系的保证。良好的声誉风险管理对增强竞争优势、提升商业银行的盈利能力和实现长期战略目标起着不可忽视的作用。

（7）法律风险是指商业银行因日常经营和业务活动无法满足或违反法律规定，导致不能履行合同、发生争议或其他法律纠纷而造成经济损失的可能性。根据《巴塞尔新资本协议》，法律风险是一种特殊类型的操作风险，它包括但不限于因监管措施和解决民商事争议而支付的罚款、罚金或者惩罚性赔偿所导致的风险敞口。从狭义上讲，法律风险主要关注商业银行所签署的各类合同、承诺等法律文件的有效性和可执行能力。从广义上讲，与法律风险相类似或密切相关的风险有外部合规风险和监管风险。

（8）战略风险是指在追求短期商业目的和长期发展目标的过程中，因不适当的发展规划和战略决策造成损失和不利影响的可能性。战略风险主要体现在四个方面：一是战略目标缺乏整体兼容性；二是为实现这些目标而制定的经营战略存在缺陷；三是为实现目标所需要的资源匮乏；四是整个战略实施过程的质量难以保证。

第二节 金融风险管理的兴起和发展

金融风险管理的产生与发展主要得益于以下三个方面的原因：首先，在过去的三十多年时间内，世界经济与金融市场的环境和规则都发生了巨大的变化。金融市场大幅波动的频繁发生，催生了对金融风险管理理论和工具的需求；其次，经济学特别是金融学理论的发展为金融风险管理奠定了坚实的理论基础；最后，计算机技术的迅猛发展为风险管理提供了强大的技术支持与保障。

过去三十多年间，世界经济环境主要发生了以下两个方面的变化：首先，第二次世界大战结束以后，世界经济一体化的浪潮席卷全球。世界各国的经济开放程度逐渐提高，任何国家的经济发展都受到外部经济环境的制约。其次，20世纪70年代初，布雷顿森林体系的崩溃，宣告了世界范围内的固定汇率制度的衰落。从此以后，公司以及个人就必须要面对各种各样日益频繁发生的金融风险了。特别是在过去短短的十多年内，爆发了几次震惊世界的大规模金融危机，如1987 年美国的"黑色星期一"大股灾、1990 年的日本股市危机、1992 年的欧洲货币危机、1994—1995 年的墨西哥比索危机、1997 年的亚洲金融风暴以及 1998 年长期资本管理公司的倒闭等。这些事件的发生给世界经济和金融市场的健康发展造成了巨大的破坏，同时也使人们意识到了金融风险管理的必要性和紧迫性。

　　20 世纪 70 年代以后，新古典经济学占据了经济学研究的主流地位。新古典经济学建立了一套基于信息和不确定性的经济分析框架，从而使人们对传统的经济发展理论和模式进行了重新审视。同时，20 世纪 60 年代以后，金融学作为一门独立学科的地位得以确立。期间产生了大量为广大金融学理论界和实务界广泛接受和运用的经典金融理论和模型，比如，20 世纪 60 年代由被称为"有效资本市场之父"的 Fama 提出的"有效市场假说"，夏普和林特纳等人创立的"资本资产定价模型"（CAPM），罗斯的"套利定价模型"（APT）以及布兰科—斯科尔斯的期权定价理论等。上述经济和金融理论的确立，为金融风险管理理论和工具的发展奠定了坚实的理论基础。同时，计算机硬件技术和软件开发能力的迅猛发展，使人们有能力运用数学模型、数值计算、网络图解、仿真模拟等手段来解决各种金融风险管理问题，从而直接导致了 20 世纪 80 年代一门新兴学科——金融工程学的产生和发展。

第三节　金融风险管理的流程

金融风险管理是一个十分复杂的过程。根据金融风险管理过程中各项任务的基本性质，可以将整个金融风险管理的程序分为六个阶段：

（1）金融风险的度量。金融风险的度量，就是鉴别金融活动中各项损失的可能性，估计可能损失的严重性。金融风险的度量包括：①风险分析，包括分析各种风险暴露，如哪些项目存在金融风险，受何种金融风险的影响；各种资产和负债受到金融风险影响的程度；分析金融风险的成因和特征，分清哪些风险可以回避，哪些风险可以分散，哪些风险可以减少。②风险评估，包括预测和衡量金融风险的大小，确定各种金融风险的相对重要性，明确需要处理的缓急程度，以此对未来可能发生的风险状态、影响因素的变化趋势作出分析和判断。例如，经营风险的概率是离散的，所以风险结果也是离散的。非事故性风险，如利率变动、汇率变动，风险发生的可能性是连续的，所以风险的估计要求连续的概率分布。

（2）风险管理对策的选择和实施方案的设计。在完成准确的风险度量之后，管理者必须考虑金融风险的管理策略。对于不同的金融风险，可以采取不同的策略。风险管理的方法一般分为控制法和财务分析法。所谓控制法，是指在损失发生之前，运用各种控制工具，力求消除各种隐患，减少风险发生的因素，将损失的后果减轻到最低程度。所谓财务分析法，是指在风险事件发生后已经造成损失时，运用财务工具，比如存款保险基金，对损失的后果给予及时的补偿，促使其尽快地恢复。

（3）金融风险管理方案的实施和评价。金融风险管理方案确定后，必须付诸实现。金融风险管理方案的实施，直接影响着金融风险管理的效果，也决定了金融风险管理过程中内生风险的大小。因此，它要求各部门互相配合和支持，以保证方案的顺利实施。金融风险管理方案的实施和评价是指不断通过各种信息反馈检查风险管理决策及其实施情况，并视情形不断地进行调整和修正，以便更加接近风险管理的目标。

（4）风险报告。这是指金融企业定期通过其管理信息系统将风险报告给其董事会、高级管理层、股东和监管部门的程序。风险报告应满足以下几方面的要求：①输入的数据必须准确有效。必须经过复查和校对，来源于多个渠道的数据才能确认。②应具有实效性。风险信息的收集和处理必须高效准确。③应具有很强的针对性。向不同的部门提供不同的报告，如资产组合分析报告、操作风险评估报告等。近年来，监管部门采取措施促使金融企业加强风险报告和年报中的信息披露，金融工具的会计计账方法也逐步转向以公允价值为基础的更为科学的方法。

（5）风险管理的评估。这是指对风险度量、选择风险管理工具、风险管理决策以及金融风险管理过程中业务人员的业绩和工作效果进行全面的评价。

（6）风险确认和审计。风险管理程序的最后一个部分是确认金融企业正在使用的风险管理系统和技术是有效的。风险确认和审计主要是指内部审计和外部审计对风险管理程序的检查，这就要求内部审计中需要更高水平的专业技术，用于保证了解和检查风险管理职能的有效性。

第四节 金融风险管理的主要策略

金融风险管理的策略主要是指金融风险控制和管理人员针对风险界定、风险识别、风险估计与度量、风险控制四个方面寻求切实可行的措施或工具进行防范、控制和化解的策略。它主要包括风险预防策略、风险规避策略、风险分散策略、风险消减策略、风险转移策略、风险补偿策略等。

一、风险规避策略

风险规避策略是指考虑到风险事件的存在与发生的可能性，事先采取措施回避风险因素，或主动放弃和拒绝实施某项可能导致风险损失的方案。例如，商业银行首先将所有业务面临的风险进行量化，然后依据董事会所确定的风险战略和风险偏好确定经济资本分配，最终表现为授信额度和交易限额等各种限制条件。对于自己不擅长且不愿承担风险的业务，商业银行对其配置非常有限的经济资本，并设立非常有限的风险容忍度，迫使该业务部门降低业务的风险暴露，或甚至完全退出该业务领域。风险规避策略是对可能出现风险的交易进行回避，以消除风险损失，这是一种最简单易行的风险处理方法。风险规避策略的优点是积极预防，争取将风险的概率降到最低；局限性在于规避风险时也放弃了获取风险利润的机会。

二、风险分散策略

风险分散策略是指通过多样化的投资来分散和降低风险的方法。当风险难以回避时，就应采取分散策略以分散风险。用一句通俗的话来说，就是"不要把鸡蛋都放在一个篮子里"。反之，如果将经营过于集中于某一类业务时，就会很容易使风险集中，那么当该类业务出现问题时，会立即使金融机构遭受损失。马柯维茨的资产组合管理理论认为，只要两种资产收益率的相关系数不为1，分散投资于两种资产就具有降低风险的作用。多样化投资分散风险的风险管理策略，前提条件是要有足够多的相互独立的投资形式。同时，风险分散策略是有成本的，主要是分散投资过程中增加的各种交易费用。但与集中承担风险可能造成的损失相比，风险分散策略的成本支出是值得考虑的。

三、风险消减策略

风险消减策略是指对无法规避和分散的风险采取适当的措施来减少风险的损失，乃至消除风险。风险消减涉及确定风险消减策略、风险和安全控制措施的优先级选定、制订安全计划并实施控制措施等活动。要消减风险，就必须实施相应的安全措施，忽略或容忍所有的风险显然是不可接受的。例如，对于利率风险和汇率风险，可通过期货交易、期权交易、互换交易、远期协议及套期保值等方式来消除风险。

四、风险转移策略

风险转移策略是指金融机构通过使用各种金融工具把风险损失转移给其他银行、金融部门或投资者承担的一种风险处理方式。对于商业银行来讲，所有贷款都是以一种或有支付合约方式成为银行的信贷资产，由于存在可获得信息的有限性、处理信息的有效性、信贷资产未来现金流的不确定性及金融操作的不完善性等问题，因而银行贷款面临借款人的违约风险；同时，由于为获得高于无风险利率的收益就必然承受持有风险资产的可能的风险损失，所以贷款的信用风险不能消除。

一般说来，风险转移的方式可以分为非保险转移和保险转移。非保险转移是指通过订立经济合同，将风险以及与风险有关的财务结果转移给别人。在经济生活中，常见的非保险风险转移有租赁、互助保证、基金制度等。保险转移是指通过订立保险合同，将风险转移给保险公司（保险人）。个体在面临风险的时候，可以向保险人交纳一定的保险费，从而将风险转移。一旦预期风险发生并且造成了损失，则保险人必须在合同规定的责任范围之内进行经济赔偿。

五、风险补偿策略

风险补偿策略是指金融机构在所从事的业务活动造成实质性损失之前，对所承担的风险进行价格补偿的策略性选择。对于那些无法通过风险分散、风险转移或风险规避进行有效管理的风险，金融机构可以采取在交易价格上附加更高的风险溢价的方式，即通过提高风险回报的方式获得承担风险的价格补偿。金融机构可以预先在金融资产定价中充分考虑各种风险因素，通过价格调整来获得合理的风险回报。例如，商业银行在贷款定价中，对于那些信用等级较低，而且与商业银行保持长期合作关系的优质客户，可以给予适当的利率优惠；而对于信用等级较低的客户，商业银行可以在基准利率的基础上调高利率。

第五节　金融风险管理的组织结构

针对我国金融行业的具体情况，商业银行应建立一个由董事会、高级管理层、市场风险管理委员会直接领导，以独立的风险管理部门为中心，以市场风险管理的支持部门为辅助，与承担市场风险的业务经营部门紧密联系的市场风险管理体系，从董事会到业务层面自上而下的每个部门都具有明确的风险管理责任。高效的风险管理组织结构的建立对商业银行的营运和风险防范具有重要意义，其应遵循的基本原则是：岗位设置及职责分工明确，具有可执行性，并且最大限度地降低内部的交易成本。

一、董事会及最高风险管理委员会

董事会是商业银行的最高风险管理决策机构，确保商业银行有效识别、计量、监测和控制各项业务所承担的各种风险，并承担商业银行风险管理的最终责任。董事会负责审批风险管理的整体战略和政策，确保商业银行的风险偏好和可承受的总体风险水平，督促高级管理层采取必要的措施来识别、计量、监测和控制各种风险，并定期获得关于风险性质和水平的报告，监控和评价风险管理的全面性、有效性以及高级管理层在风险管理方面的履职情况。

最高风险管理委员会直接隶属于董事会，受董事会授权进行日常决策，独立于银行的业务部门，集中统一管理和控制银行的市场风险。最高风险管理委员会定期评价银行总体风险控制的有效性和独立性以及风险管理的基础设施状况，并向董事会报告风险管理方面的问题。作为全行风险的管理者和责任承担者，最高风险管理委员会颁布风险的量化标准，对内部评估不易量化的风险，建立相应的操作规程，设计并修正银行的风险管理政策和程序，使总体风险水平、结构与银行总体方针相一致，在必要时上报董事会讨论调整银行的总体风险管理目标。

二、监事会

监事会对股东大会负责，从事商业银行内部尽职监督、财务监督、内部控制监督等监察工作。监事会通过列席会议、调阅文件、检查与调研、监督测评、访谈座谈等方式，以及综合利用非现场监测与现场抽查手段，对商业银行的决策过程、决策执行、经营活动以及董事和高级管理人员的工作表现进行检查和测评。

在风险管理领域，监事会应当加强与董事会及内部审计、风险管理等相关委员会和有关职能部门的工作联系，全面了解商业银行的风险管理状况，跟踪监督董事会和高级管理层为完善内部控制所做的相关工作，检查和调研日常经营活动中是否存在违反既定风险管理政策和原则的行为。

三、高级管理层

高级管理层的主要职责是负责执行风险管理政策，制定风险管理的程序和操作规程，及时了解风险水平及其管理状况，并确保商业银行具备足够的人力、物力和恰当的组织结构、管理信息系统以及技术水平，来有效地识别、计量、监测和控制各项业务所承担的各种风险。在实践操作中，高级管理层必须明确与组织结构相适应的风险管理部门结构，建立具有适当代表性的业务部门风险管理委员会，控制商业银行所承受的风险规模，建立有关风险管理政策和指导原则的档案和手册。

很多商业银行都遇到过诸如此类的问题：耗费大量资源开发完成一套风险计量模型，却没有设置相应的风险计量政策和指导原则，也没有得到高级管理层的大量支持，因此无法在业务领域得到有效应用。可见，高级管理层的支持与承诺是商业银行进行有效风险管理的基础，只有当高级管理层充分意识到并积极利用风险管理的潜在盈利能力时，风险管理才能够对商业银行整体产生最大的收益。高级管理层应当通过发布一致的日常风险管理信息，来证明其对风险管理知识、技术和效果的关注，并且在商业银行内部明示风险管理部门的地位和权限。

四、风险管理部门

风险管理部门是最高风险管理委员会的直接支持者，在业务上具有独立性和明确性。其主要任务是负责贯彻已批准的风险管理战略，并根据搜集的风险信息拟定各种风险管理的战术性策略和程序，提交董事会和高级管理层审查批准。同时，负责识别和计量风险，设计、实施事后检验和压力测试，监测相关业务经营部门和分支机构对风险限额的遵守情况，并及时向董事会和高级管理层提供独立的风险报告。根据风险管理部门的职责，可以设置出风险管理部门的内部岗位，具体包括：风险管理部门总经理、风险管理政策研究主管/专员、风险量化与模型设计主管/专员、风险检查主管/专员。其他辅助性的岗位可以依据具体情况配置。

五、其他风险控制部门

除了高级管理层、各级风险管理委员会和风险管理部门直接参与风险识别、计量、监测和控制过程之外，商业银行风险管理还必须得到银行内部一些相关部门的支持，通过这些支持部门提供的有关风险管理的信息，保证风险管理策略的正确制定和执行。它具体包括发展规划部门、内部审计部门、法律部门、外部监督部门等。

第六节　巴塞尔风险管理体系

商业银行风险管理离不开巴塞尔银行监管委员会建立的风险管理体系。该体系是指巴塞尔银行监管委员会制定的一系列文件中关于银行业监督管理的思想和理论体系。巴塞尔银行监管委员会围绕商业银行面临的主要风险，先后制定了多项关于风险管理和银行监管的文件，其中具有代表性的是：1975 年的《对国外机构的监管协议》、1983 年的《对国外机构监督的原则》、1988 年的《关于统一国际银行的资本计量和资本标准的报告》、1997 年的《银行业有效监管的核心原则》以及 2004 年公布的《巴塞尔新资本协议》。通过这些文件，巴塞尔银行监管委员会在跨国银行机构的合作监管、国际银行的资本充足监管、国际银行业务的风险管理以及有效银行审慎监管等方面确立了一系列指导原则和标准。

2004 年公布的《巴塞尔新资本协议》全面继承了老版本资本协议的一系列监管原则，继续沿袭以资本充足率监管为核心，以信用风险监管为重点的传统。新协议还将市场风险和操作风险纳入资本约束和监管的范围，提出了全面风险管理的理念。

围绕银行业务的各类风险，巴塞尔银行监管委员会先后发布了大量风险管理文件。通过这些文件，巴塞尔银行监管委员会建立起涵盖信用风险、市场风险、操作风险、流动性风险、声誉风险等各类风险的全面风险管理体系，通过加强银行的外部监督和内部控制，确保银行能有效地识别、评估和控制各类风险。但它们的侧重点有所不同，比如，有关信用风险管理的文件主要是从信用风险的来源着眼，提出并阐述防范和控制风险集中和大额风险暴露、关联贷款、国家风险等的原则和方法；而有关利率风险管理的文件则从银行本身的管理机制出发，就对董事会和高级管理层的有效监督、完善的风险管理政策和规程、合适的风险衡量和监控机制、全面的内部控制以及银行监管者的有效监督等方面提出利率风险管理的指导原则。

20世纪90年代以后，随着衍生金融工具及交易的迅猛增长，市场风险日益突出，巴林银行倒闭案等震惊全球银行界的事件促使人们关注市场风险。一些国际大银行开始建立自己的内部风险计量与资本分配模型，以弥补资本协议的不足。亚洲金融危机及其随后发生的长期资本管理公司危机、安然公司破产案等则提示人们，世界金融业风险出现了新特点，即损失不再是由单一风险造成的，而是由信用风险、市场风险、操作性风险等联合造成的。因而，全面的风险管理渐渐成为银行内部管理的新需求，同时也被国际监管机构作为对各大银行的外部管理要求。

第二章　信用风险管理

　　信用风险管理是运用一种管理工具和技术，对授信过程中存在的各类债务人违约的可能性和不确定性进行预测、监督、控制，以贯彻执行银行发展战略，实现风险和收益配比最优化的过程。信用风险管理是现代商业银行经营管理的核心内容，信用风险管理水平的高低直接关系到商业银行经营的成败。《巴塞尔新资本协议》代表了国际银行业风险管理的方向，结合我国商业银行实际运作情况研究新资本协议的规定，有利于我国商业银行缩小与国际先进商业银行信用风险管理的差距。

第一节　信用风险概述

一、信用风险的定义

　　信用风险（Credit Risk）又称违约风险，是指交易对手未能履行约定契约中的义务而造成经济损失的风险，即受信人不能履行还本付息的责任而使授信人的预期收益与实际收益发生偏离的可能性。信用风险有广义和狭义之分。狭义的信用风险通常是指信贷风险。信贷风险是指在借贷过程中，由于各种不确定性，使借款人不能按时偿还贷款，造成银行贷款本金及利息损失的可能性。广义的信用风险是指在市场经济条件下，无论是企业还是个人，在其经济活动中一旦与他人或企业签订经济合约，他们就将面临合同对方当事人不履约的风险，如不支付钱款、不运送货物、不提供服务、不偿还借款等，这种因为对方当事人不履约所带来的风险统称为信用风险。在市场经济条件下，通常所指的信用风险则是广义的信用风险。

现代市场经济是一种信用经济，经济活动越来越普遍地以契约、合同为基础来从事生产和交易，以保证经济有序运行。以银行信用为主导的信用制度成为左右经济运行的关键因素，经济中的风险也就集中地通过信用风险表现出来。只要有信用存在，就有信用风险。信用风险的大小与金融机构在信用活动中所使用的信用工具的特征和信用条件密切相关。

信用风险是金融市场上最古老的风险之一，人们对信用风险以及信用风险管理的研究从来没有停止过。从国外的研究来看，人们对信用风险的度量和管理的研究不断向模型化、工程化方向发展。国内对信用风险的关注最早缘于"三角债"问题，此后国有商业银行的不良资产问题又成为各方关注的焦点，特别是亚洲金融危机后，我国商业银行的信用风险问题更引起了广泛的关注和讨论。国外对信用风险的工程化研究和国内在体制转轨背景下对信用风险的制度研究仿佛是两条永不相交的直线。

二、信用风险产生的原因

信用风险是借款人因各种原因未能及时、足额偿还债务或银行贷款而违约的可能性。发生违约时，债权人或银行必将因为未能得到预期的收益而承担财务上的损失。对于信用风险的成因，本书主要从以下三个角度进行分析论述：

（1）现代信用风险的广泛存在性。现代经济是契约式经济。随着金融的不断发展，金融产品不断创新，导致了信用的不断扩展。由于现代信用的大量使用，信用风险存在于各种各样的经济活动中。信用风险产生于市场经济中交易的双方，当交易双方采用非现金交易时，即采用了信用的支付方式，同时面临着交易对手违约的风险，所以说现代信用风险具有社会的普遍存在性。就本书所研究的银行信用风险来说，主要是存在于银行的信贷过程中，银行每发放一笔贷款，即承担了来自借款人的信用风险，并且将一直持续到贷款收回。

（2）信用活动的不确定性。信用风险形成的根本原因根植于信用活动的不确定性。现代经济活动存在着各种各样的偶然性，导致人类进行社会活动时存在着许多的不确定性。社会活动的不确定性正是形成风险的主要原因。在信用活动中，不确定性包括外在不确定性和内在不确定性两种。

外在不确定性来自于经济体系之外，是经济运行过程中的随机性、偶然性的变化或不可预测的趋势，如宏观经济走势、市场资金的供求状况、政治局势、技术和资源条件等。一般来说，外在不确定性对整个市场都会带来影响，所以，外在不确定性导致的信用风险等金融风险又称为系统性风险。

内在不确定性来自于经济体系之内，它是由行为人主观决策及获取信息的不充分等原因造成的，带有明显的个性特征。例如，企业管理能力、产品竞争能力、生产规模、财务状况、信用品质等的变化都直接关系着其履约能力。内在不确定性产生的风险又称为非系统性风险。

（3）银行信贷决策的信息不对称。在我国，信用风险是商业银行经营中面临的主要风险。按照合约经济理论的解释，信用风险生成于三个合约：一是银行与企业的合约，二是银行与储户的合约，三是商业银行与中央银行的合约。其中，银行与企业的合约构成最主要的信用风险。合约双方的信息不对称导致银企借贷关系中的不确定性，增加了贷款的信用风险。在银行与企业的借贷交易中，银行处于信息劣势，企业比银行更了解自身的经营能力、管理水平以及借款项目的风险特征。因此，企业有可能将有利于自己而不利于银行的虚假信息传递给银行，银行则不可能完全观察到企业的行为和根据双方的风险类型而签订有效的借贷合同。

倘若银行按平均风险水平收取利息，就会造成逆向选择：高风险的借款者更多地借款，而低风险的借款者更少借款或转而从事高风险的投资项目。信息不对称和有限理性会使借贷市场上的价格（即利率）只能在一定程度上调节资金供求，而不能使市场出清，存在着信贷配给。面对资金的超额需求，银行先是提高利率，当利率达到一定水平之后，银行不再依靠利率手段，而是采取非价格手段（如按照借款人的资信状况、投资项目的风险程度等）来分配信贷。在非价格手段有限的情况下，银行必须有效地提高其信用风险管理水平，以减少违约损失事件的发生。

由于银企间信息不对称，企业经理人可能采取过于冒险的行动而使银行承受潜在的损失。这种情况在债务软约束的经济状态下，银企借贷领域内会更为广泛地存在。银行无法对企业取得贷款后的经营管理行为进行有效的监督，或者说完全监督的成本太高，不合算。所以银行必须加快信用风险的量化管理，运用现代信息技术优势以及银行外部数据来有效地跟踪银行贷款质量。

三、信用风险的特征

信用风险具有市场风险中的不确定性、传递性、扩散性等一般特征，又有不同于它的特征。相对于市场风险，信用风险具有以下几个特征：

（1）收益和风险的不对称性。市场风险的收益分布从理论上说是对称的，大致可以用正态分布曲线来描述。而相比之下，信用风险的分布不是对称的而是有偏的，收益分布曲线的一端向左下倾斜，并在左侧出现肥尾现象。

这种特征是由信用风险本身的特征决定的，即贷款的收益是固定且有上限的，而它的损失则是变化和没有下限的。而且，银行不能从企业经营业绩中获得对等的收益，贷款的预期收益不会随企业经营业绩的改善而增加，却会由于企业经营业绩的恶化而增加预期的损失。

（2）信用悖论现象。信用悖论是指从资产组合理论出发，尤其是在传统的信用风险管理模型缺乏有效对冲信用风险手段的情况下，银行应将贷款进行分散化投资，以防止信用风险过度集中。然而，实践中银行的信贷业务却很难执行该原则，许多商业银行贷款业务的分散程度不高。这主要是因为：区域行业信息优势、客户信用关系以及商业银行贷款业务的规模效应等，客观上要求银行将贷款投向于经济较发达地区、经济效益好的行业或者集中于自己比较了解和擅长的某一领域；与此同时，贷款分散化使得贷款业务小型化，这也不利于银行在贷款业务上获取规模效应。此外，不少商业银行还将贷款之外的附加业务作为其新利润的主要来源。

（3）非系统性。信用风险的非系统性风险特征明显。这主要是指借款人的还款能力依赖于借款人相关的非系统性因素（如借款人财务状况、经营能力、还款意愿等）。基于资产组合理论的资本资产定价模型和组合套利原理都只对系统性风险因素定价，信用风险却没有在这些资本资产定价模型中体现出来。这种非系统性风险特征也决定了多样化投资分散风险的风险管理原则不适用于信用风险管理。

（4）缺乏量化的分析数据。信用风险的量化分析相对于其他风险较为困难，这主要是因为可供观察的数据少且不易获得。贷款等信用产品的流动性差，且缺乏二级市场；另外，由于信息不对称原因，直接观察信用风险的变动较为困难。

四、信用风险和信贷风险的比较

商业银行信用风险与信贷风险是两个既有联系又有区别的概念。信贷风险是指在信贷过程中，由于各种不确定性，借款人不能按时偿还贷款，造成银行贷款本金及利息损失的可能性。对照本书采用的信用风险的定义，信用风险与信贷风险有共性，二者包含的内容有一部分是交叉的。就商业银行而言，信贷风险与信用风险具有一定的联系，二者都包含信贷资产给银行带来损失的可能性中的一部分。二者的区别在于：信用风险不仅包括信贷资产的信用风险，还包括存在于其他表内、表外业务，如贷款承诺、证券投资、金融衍生工具中的信用风险；而信贷风险除了由于债务人信用等级降低、履约能力下降、违约带来损失的可能性外，还包括由于利率、汇率等金融市场因子变化给银行带来的风险。

第二节　信用风险的识别

信用风险识别是信用风险管理的第一个阶段和基础环节。信用风险识别的核心问题，是经济主体要判明自己所将要承受的金融风险在本质上是否归属于信用风险这种具体的风险形态。信用风险识别的目的就是要认识风险，在业务流程中找出可能产生风险的因素和产生风险的环节点。商业银行主要是通过客户的综合信息、财务信息、账户信息和授信信息等寻找和确定风险因素。目前比较成熟和具有可操作性的识别工具主要有三种，即财务分析法、现金流量分析法、非财务分析法。

一、财务分析法

财务分析的核心是借款人的偿债能力。但是，借款人的偿债能力并不是孤立的，它和借款人的盈利能力、营运能力、资金结构以及现金净流量等因素相关，同时还需借助于一些指标比率综合分析，以全面反映借款人的财务状况。对借款人的财务分析主要通过对借款人连续三年以上的财务报表，即资产负债表、损益表、现金流量表及有关附表、财务报表附注、注册会计师的审验报告，进行财务比率分析和两张报表（资产负债表、损益表）的分析，来确定借款人的偿债能力。

（一）财务比率分析

财务比率分析是用具有关联关系的指标、比率来计量和评价借款人财务状况的一种方法。它可以帮助银行和农村合作金融机构信贷管理人员全面、深刻地分析财务报表中相关项目之间的关系，进而揭示借款人财务状况的变化趋势和行业地位。财务比率主要有盈利比率、效率比率、杠杆比率和流动比率四大类。

（二）资产负债表分析

对借款人的资产负债表进行分析，将进一步了解借款人的财务状况、经营管理情况和偿债能力。资产负债表是根据"资产＝负债＋所有者权益"原理编制的，反映借款人在某一时点的财务状况。资产、负债、所有者权益被称之为资产负债表的三大要素，也是资产负债表的三个基本项目。

（三）损益表分析

损益表又称利润表，是根据"利润＝收入－费用"这一会计原理编制而成的，是借款人在一定时期内经营成果的报表。损益表的数据变动会影响资产负债表的相关数据变动。

二、现金流量分析法

现金流量中的现金，既包括现金及银行存款，也包括现金等价物。现金是指借款人的库存现金以及可以随时支取的银行存款；现金等价物指期限短（一般三个月内）、流动性强、易于转换为已知金额现金、价值变动风险很小的债券性投资。现金流量是现金的流入流出。现金流量净额为现金流入与流出的差额。现金流量分析一般依赖于借款人的现金流量表，现金流量表是以现金为基础编制的，用以反映借款人一定会计期间现金流入流出及其净额的报表。借款人现金来源主要有三方面，即经营活动中产生的现金流量、筹资活动中产生的现金流量、投资活动中产生的现金流量。三者的关系是：

企业现金流量净额 = 经营活动的现金流量净额 + 投资活动的现金流量净额 + 筹资活动的现金流量净额

三、非财务分析法

非财务分析是指对借款人财务之外影响贷款偿还的相关因素进行定性分析和综合评价的过程。财务分析、非财务分析、现金流量分析三者相互印证、相互补充，可以更全面地识别借款人的信用风险。当然，影响信用风险的非财务因素在内容和形式上复杂多样。农村合作金融机构在进行信用风险的识别时，主要针对借款人的行业风险、经营风险、管理风险、诚信意识四个因素进行分析和评价。

（一）行业风险分析

每个行业都有其特有的风险，同一行业的借款人都面临共同的风险。通过行业风险分析，可以对同一行业借款人和风险共性进行识别。行业风险主要涉及行业成本结构、行业生命周期、行业与经济周期关系、行业依赖性、行业产品替代性、行业政策和法律等方面。需要强调的是，任何行业都有企业好坏之分，同一行业中不同借款人抵御风险的能力也不尽相同。

（二）经营风险分析

经营风险分析是对借款人经营特征以及采购、生产、销售等重要环节的风险程度进行分析。与行业风险反映行业整体风险不同，经营风险反映借款人特有的风险。重点应对借款人的采购、生产、销售三个环节进行分析。

（三）管理风险分析

管理风险分析主要应从借款人的组织形式、法人治理结构、管理者素质和经验、管理层及员工的稳定性、关联交易、财务管理水平、法律诉讼等方面进行分析。

第三节　信用风险的度量

信用风险度量是信用风险管理的关键环节，是指对可能引起信用风险的因素进行定性分析、定量计算，以测量借款人的违约概率，为贷款决策提供依据。信用风险的度量所要解决的核心问题是如何对信用风险进行量化管理。商业银行对信用风险的计量依赖于对借款人和交易风险的评估。《巴塞尔新资本协议》明确要求，商业银行的内部评级应基于二维评级体系：一维是客户评级，另一维是债项评级。通过客户评级、债项评级计量单一客户/债项的违约概率和违约损失率之后，商业银行还必须构建组合计量模型，用以计量组合内各资产的相关性和组合的预期损失。

近年来，信用风险在计量分析和管理方法上不断发生着革命性的变化，以往的信用管理方式相对滞后并且难以适应市场变化，而新一代的金融工程专家开始将建模技术及统计分析的方法大量应用到这一领域，不断诞生一批新技术和新思想。目前产生的信用风险模型大多数是运用数学手段对历史数据进行统计分析后，通过对相关群体的信用质量进行定性分析或者定量测算，再对其未来行为的信用风险进行预测，最后有针对性地提出信用风险防范的有效依据和手段，因此当前产生的这些计量模型受到了业内人士的广泛关注。

一、传统度量方法

实际上，信用风险的各种评估方法之间有着或多或少的联系，有些新方法是对传统方法或思想的继承和发展，因此新方法与传统方法并不存在绝对的界限。这里所谓的传统方法是指发展相对较早、较成熟的一些方法。

（一）专家判断法

专家制度是一种最古老的信用风险定性分析方法，它是商业银行在长期的信贷活动中所形成的一种信用风险分析和管理制度。这种方法的最大特点就是：银行信贷的决策权由该机构中那些经过长期训练、具有丰富经验的信贷员所掌握，并由他们做出是否贷款的决定。因此，在信贷决策过程中，信贷员的专业知识、主观判断以及某些要考虑的关键要素权重为最重要的决定因素。一名信贷员有可能考虑的潜在因素是很多的，然而最为著名的方法是考虑5C，即专家考虑的5个因素分别是品格（Character）、资本（Capital）、偿付能力（Capacity）、抵押品（Collateral）和经济形势（Conditions）。除5C之外，专家可能还会考虑利率水平。利率水平与贷款的预期收益率之间的关系是高度非线性的。在利率处于低水平的时候，提高利率会使预期收益率增加；然而在利率处于高水平时，利率的增加也可能降低贷款收益。尽管许多银行仍然在其信贷决策过程中使用专家方法，但是存在两个重要问题：一是哪些是分析不同类型贷款人的共同因素；二是该方法的主观性太强，运用于被选择因素的最优权重的确定不客观。

案例分析

江苏某商业银行根据5C分析法对客户进行评估后将其分为三类：A级客户，银行可以继续满足其贷款的要求；B级客户，即有还款不及时的客户，对于他们提出的贷款要求，银行要严格调查以往的记录和原始档案后再做决定；C级客户，即让银行出现呆账的，银行则拒绝交易。

通过对客户进行信用等级管理，银行可以对不同信用等级的客户投入不同的人力和物力，采取不同的服务方式和给予不同的信用额度，促进银行收入增长和信用风险降低，同时也为银行积累了一批优质的客户。

（二）贷款评级分级法

贷款评级分级法实际上就是对资产及资产组合的信用状况进行评价，并针对不同级别的贷款提取不同的损失准备。贷款内部评级分级模型就是美国金融机构在美国货币管理办公室（OCC）最早开发的评级基础上拓展而来的。OCC 最早将贷款分为五级：正常贷款、关注贷款、次级贷款、可疑贷款、损失贷款。国际上一些金融机构把贷款分级划分得更细，分为九级或十级。目前我国银行业推行使用贷款五级分类法。

相关知识：贷款五级分类

正常贷款：借款人能够履行合同，一直能正常还本付息，不存在任何影响贷款本息及时全额偿还的消极因素，银行对借款人按时足额偿还贷款本息有充分把握。贷款损失的概率为 0。

关注贷款：尽管借款人目前有能力偿还贷款本息，但存在一些可能对偿还产生不利影响的因素，如这些因素继续下去，借款人的偿还能力将受到影响。贷款损失的概率不会超过 5%。

次级贷款：借款人的还款能力出现明显问题，完全依靠其正常营业收入无法足额偿还贷款本息，需要通过处分资产或对外融资乃至执行抵押担保来还款付息。贷款损失的概率在 30%~50%。

可疑贷款：借款人无法足额偿还贷款本息，即使执行

抵押或担保，也要造成一部分损失。但是因为存在借款人重组、兼并、合并、抵押物处理和未决诉讼等待定因素，损失金额的多少还不能确定。贷款损失的概率在50%～75%之间。

损失贷款：借款人已无偿还本息的可能，无论采取什么措施和履行什么程序，贷款都注定要损失，或者虽然能收回极少部分，但其价值也是微乎其微。从银行的角度看，也没有意义和必要再将其作为银行资产在账目上保留下来，对于这类贷款在履行了必要的法律程序之后应立即予以注销。其贷款损失的概率在75%～100%之间。

（三）财务分析法

信用危机往往由财务危机引致，而使银行和投资者面临巨大的信用风险。及早发现和找出一些财务预警指标趋向恶化的财务特征，无疑可判断借款人财务状况，从而确定其信用等级，为信贷和投资提供依据。基于这一动机，金融机构通常将信用风险的测度转化为企业财务状况的衡量问题。财务分析法包括报表分析和财务比率分析。

这类方法的主要代表有杜邦财务分析体系和沃尔比重评分法，前者以净值报酬率为龙头，以资产净利润率为核心，重点揭示企业获利能力及其前因后果；而沃尔比重法是将选定的七项财务比率分别给定各自的分数比重，通过与标准比率（行业平均比率）进行比较，确定各项指标的得分及总体指标的累计分数，从而得出企业财务状况的综合评价，继而确定其信用等级。目前我国正在开发的商业银行信用风险预警系统就使用了财务比率分析法。

(四) 信用评分法

20世纪60年代，信用卡的推出促使信用评分技术取得了极大发展，并迅速扩展到其他业务领域。奥尔特曼（Altman，1968）提出了基于多元判别分析技术的Z评分模型；马丁（Martin，1977）、奥尔森（Ohlson，1980）和威金顿（Wiginton，1980）则首次运用Logit模型分析企业破产问题。信用分析模型是基于对研究对象多种类别进行判别的一种统计分析方法。此类方法操作简单、成本较低，目前应用较为广泛。

信用评分模型的关键在于特征变量的选择和各自权重的确定。基本过程是：首先，根据经验或相关性分析，确定某一类别借款人的信用风险主要与哪些经济或财务因素有关，模拟出特定形式的函数关系式；其次，根据历史数据进行回归分析，得出各相关因素的权重；最后，将属于此类别的潜在借款人的相关因素数值代入函数关系式计算出一个数值，根据该数值的大小衡量潜在借款人的信用风险水平，给予借款人相应评级并决定是否贷款。该模型也存在一些突出的问题：信用评分模型建立在对历史数据而非当前市场数据模拟的基础上，因此是一种向后看的模型；信用评分模型对借款人历史数据的要求相当高；信用评分模型虽然可以给出客户信用风险水平的分数，却无法提供客户违约概率的准确数值，而后者往往是信用风险管理者最为关注的。

二、现代主要风险计量模型

目前国际上流行的信用风险计量模型有：Credit Metrics 模型、Credit Risk + 模型、KMV 模型和 Credit Portfolio View 模型。这些模型也是巴塞尔银行监管委员会所建议使用的信用风险管理模型。而且在《巴塞尔新资本协议》中，关于资本金或经济资本计算公式的设计和相关参数的确定与校订正是依据了这些模型的思想方法。

（一）信用风险计量模型的基本构成

信用风险计量模型是精确计量信用风险的工具，是现代计量分析技术在金融风险管理领域的具体应用。根据信用风险自身特点，所有成熟的信用风险计量模型必须具备能够量化违约概率、确定违约损失分布、贷款定价、为贷款决策提供指导、实现贷款组合分析等基本功能。相应的，信用风险计量模型一般要包括违约概率、违约损失率、违约风险暴露和期限四个基本要素。

1. 违约概率

违约概率是借款人在一定时间内违约的可能性，是贷款发放前银行的"预先估计"。违约概率是信用风险的关键指标，用于量度银行遭受损失的可能性，一般与借款人或其他合约义务人的信用质量、外部经济条件的变化密切相关。信用质量高的借款人，违约概率较小；信用质量低的借款人，违约概率相对较大。为了得到不同级别客户的违约概率，首先，需要对违约进行定义。巴塞尔银行监管委员会给出了违约的定义，即银行认为借款人不可能全部偿还对银行的债务，银行对清算抵押品（如果有抵押品的话）的行动没有追索权，就被认为是违约。其次，同一借款人在不同时间段的违约概率也会变化，期限越长，违约的可能性越大。最后，银行估计借款人违约概率的方法也会影响违约概率的大小。

同时，借款人的外部经济条件，如利率、股指、汇率、失业率等因素的变化，也会间接地影响违约概率。因此，违约概率可分为条件违约概率和无条件违约概率。条件违约概率是指外部经济条件发生波动时借款人违约的可能性；无条件违约概率是指外部经济条件正常的情况下借款人违约的可能性。一个好的信用风险计量模型应该将市场风险与信用风险完美地结合在一起。

此外，对违约概率的估计还要注意合约的种类。例如，在其他条件相同的情况下，有担保贷款的违约概率就比无担保贷款的违约概率小。

2. 违约损失率

违约损失率是借款人或其他合约义务人违约时给银行造成损失的程度。违约损失率是度量预期损失的重要参数之一，它包括三种损失，分别为损失的本金、不良贷款的持有成本（如无法获得的利益收入）和清偿成本。违约损失率因银行经营的贷款种类、抵押类型、追偿贷款方式和程序的不同而不同，同时也受经济周期的影响。因此，不同的银行应该根据自己的实际情况确定合理的违约损失率，并考虑其波动性。对违约损失率估计过高，将导致银行采取许多不必要的风险防范措施，从而提高银行的营运成本，并由此而丧失一部分客户；对违约损失率估计过低，将导致银行不能及时采取有效的防范措施，从而遭受意外损失。

相关知识：违约损失率 LGD 在监管资本计量中的基本作用

由于标准法不采用银行内部评级数据，而是依据监管当局认可的外部评级标准对不同的风险暴露赋予不同的风险权重，LGD、PD 等银行内部风险管理信息在监管资本计量上基本不发挥作用。

与标准法不同，基础内部评级法和高级内部评级法对监管资本的计量是建立在银行内部评级信息基础之上的。然而，新协议对基础内部评级法和高级内部评级法采用内部评级信息有不同的要求。基础内部评级法只准许 PD 信息由银行内部评级提供，而 LGD、EAD 和 M 参数则由监管当局根据新协议的要求给出。根据新协议对基础内部评级法的规定，对公司、银行和国家的无抵押的高级债权，LGD 为 45%；对公司、银行和国家的无抵押的次级债权，LGD 为 75%；有抵押债权的 LGD 服从较复杂的监管公式，以合理反映抵押等风险缓释技术对 LGD 的降低作用。

高级内部评级法下，LGD 由银行提供，因此银行需要估算 LGD（由内部评级体系提供）。但银行必须满足监管当局的相关规定和最低要求。《巴塞尔新资本协议》将 LGD 引入监管资本框架具有重要意义。在技术上，由于 LGD 从损失严重程度方面反映了信用风险的性质，LGD 的引入更加有利于正确地反映资产的风险水平。而且，LGD 也反映了银行风险管理措施所发挥的作用。LGD 所能反映的风险缓释技术有：抵押、担保、信用证、信用衍生产品和信用保险等。因此，LGD 在监管资本计量框架中的应用不仅使得新监管资本衡量框架能够更加正确地反映银行实际承担的风险（更具风险敏感性），而且从监管角度认可和鼓励了不断发展和创新的银行风险缓释技术。

3. 违约风险暴露

违约风险暴露是量度由于违约事件的出现而使银行遭受损失的合约值。违约风险暴露可表示为：

违约风险暴露 = 交易的市场价值 + 未来潜在的风险

由于违约风险暴露的具体数值是以违约事件发生时刻合约价值的高低来表示的，所以借款人或其他合约义务人在不同时刻违约，会给银行带来不同的价值损失，即违约风险暴露不仅是一个与合约现值相关的即期概念，还是一个涉及合约价值未来变化的远期概念。不同类型的贷款或合约，其违约风险暴露不同。在信用风险计量模型中，违约风险暴露通常用一年内贷款或债券的违约风险现金流来表示。

4. 期限

期限是影响违约风险的一个主要因素。在其他条件相同的情况下，期限越短，违约风险越小。短期贷款或合约，可以增强银行的流动性，银行可以通过拒绝再贷、在贷款中加入保护条款（如要求提供抵押）等方式来减小或防范信用状况恶化的借款人可能造成的损失。期限实质上是银行用来控制信用风险的一种有效途径。因此，对于信用风险模型的研究也应该把期限纳入其中。根据研究期限的不同，信用风险模型可分为单期模式和多期模式。信用风险模型一般选择一年作为研究的时间水平，这样做的一个好处是可以将不同期限的各种合约的信用风险进行加总，便于银行进行整个组合的信用风险分析。

（二）主要信用风险计量模型

1. Credit Metrics 模型

1997 年 4 月初，美国 JP 摩根财团与其他几个国际银行——德意志摩根建富、美国银行、瑞士银行等金融机构共同研究，推出了世界上第一个评估信用风险的量化度量模型 Credit Metrics。它运用 VaR（Value at Risk，风险价值）框架，对诸如贷款和私募债券等资产进行估价和风险计算。该模型认为投资组合价值不仅受到资产违约的影响，而且资产信用等级发生变化时对它也会产生影响。Credit Metrics 模型利用借款人的信用评级及在下一个计算期内信用等级发生变化的概率即信用等级转移矩阵、贷款违约时的回收率、贷款或债券市场上的信用风险利差和收益率等数据，通过计算下一期内贷款在各相应信用等级上的价值，从而得到贷款价值分布的均值和方差，最后可算出个别贷款和贷款组合的 VaR 值。

该模型的主要内容是：

（1）Credit Metrics 模型认为信用风险直接源自于借款人信用等级的变化，并假定信用评级是有效的，即企业投资失败、利润下降、融资渠道枯竭等信用事件对其还款履约能力的影响都能及时、恰当地通过其信用等级的变化表现出来。Credit Metrics 模型的基本原理是信用等级变化分析，等级转移矩阵是该模型重要的输入数据，它是指所有不同信用等级的信用工具在一定期限内转移到其他信用等级或维持原级别的概率矩阵，一般由信用评级公司提供。

（2）由于不同信用等级的信用工具（如贷款、私募债券等）有不同的市场价值，信用工具的市场价值取决于借款人的信用等级，所以信用等级的变化会带来信用工具价值的相应变化。根据等级转移矩阵所提供的信用工具信用等级变化的概率分布和不同信用等级下给定的贴现率就可以计算出该信用工具在各信用等级上的市场价值（价格），从而得到该信用工具的市场价值在不同信用风险状态下的概率分布。这样，Credit Metrics 模型就达到了用传统的期望和标准差来衡量非交易性资产信用风险的目的，也可以在确定的置信水平上找到该信用工具的最大损失值，从而将 VaR 模型的方法引入到信用风险管理中来。

（3）Credit Metrics 模型的一个基本特点就是从资产组合而并不是单一资产的角度来看待信用风险。一方面，根据马柯维茨资产组合管理理论，多样化的组合投资具有降低非系统性风险的作用，而信用风险很大程度上是一种非系统性风险，因此，信用风险在很大程度上能被多样性的组合投资所降低。另一方面，由于经济体系中共同因素（系统性因素）的作用，不同信用工具的信用状况之间存在相互联系，由此产生的系统性风险是不能被分散掉的。这种相互联系由其市场价值变化的相关系数来表示。

（4）Credit Metrics 模型使用信用工具边际风险贡献（指因增加某一信用工具在组合中的持有量而增加的整个组合的

风险）来反映单一信用工具对整个组合风险状况的作用。该模型将单一的信用工具放入资产组合中衡量其对整个组合风险状况的作用，而不是孤立地衡量某一信用工具自身的风险。通过对比组合中各信用工具的边际风险贡献，分析每种信用工具的信用等级、与其他资产的相关系数以及其风险暴露程度等方面因素，准确地把握了各种信用工具在整个组合的信用风险中的作用，从而为商业银行的信贷决策提供科学的量化依据。

2. Credit Risk + 模型

Credit Risk + 模型是瑞士银行金融产品开发部于 1996 年开发的信用风险管理系统，它应用保险经济中的保险精算方法来计算债券或贷款组合的损失分布。该模型仅考虑违约行为而不考虑信用等级的转移。Credit Risk + 采用了违约法计算信用损失。在违约法下，对于信用的计算关键在于如何估计违约率。Credit Risk + 将违约率看成一个连续随机变量，它与债务人未来状态的不确定性有关，与资产的结构和历史无关。Credit Risk + 的主要思路是将投资组合中的每笔资产归类到相互独立的组别，每个组别有相应的资产损失值，而组别数是有限的。通过每组资产损失分布的构造，可以得到投资组合损失分布和违约率的概率分布。

在 Credit Risk + 模型中，具有相近违约损失率的贷款被划分为一组。相对于总的贷款组合而言，每一组被看成一笔贷款，它们同时违约的概率很小且相互独立；而每一组又相当于一个子贷款组合，并与总的贷款组合具有相同的性质，因此其违约概率也服从泊松分布。首先利用公式计算出每一组的贷款损失分布，得到其预期损失、一定置信水平下的非预期损失以及资本要求，然后将各组的数据汇总，以同样的方法得到整个贷款组合的损失分布。组合的损失分布会随组合中贷款笔数的增加而更加接近于正态分布。在计算过程中，模型假设每一组的平均违约概率都是固定不变的。而实际上，平均违约概率会受宏观经济状况等因素影响而发生变化。在这种情况下，贷款组合的损失分布会出现更加严重的肥尾现象。

3. KMV 模型

KMV 公司 1995 年创立了一个估计上市公司违约概率的 KMV 模型。KMV 模型的结构包含两种理论关系：其一是将股票价值看成是建立在公司资产价值上的一个看涨期权；其二是公司股票价值波动率与公司资产价值变化之间的关系。该模型分三个步骤来确定客户的违约概率：第一步，从公司股票的市场价值、股价的波动性及负债的账面价值估计出公司的市场价值及其波动性；第二步，根据公司的负债计算出公司的违约点（即等于流动负债另 50% 的长期负债），并根据公司的现有价值确定出公司的预期价值，再用这两个价值以及公司价值的波动幅度构建一个度量指标，它表示从公司的预期价值到违约点之间的距离，又称为违约距离；第三步，根据具有不同违约距离值的公司的违约历史数据来确定违约距离及预期违约率 EDF 之间的映射，然后，根据公司的违约距离与 EDF 值的一一对应关系，求出公司的 EDF 值。

4. Credit Portfolio View 模型

该模型是由麦肯锡（McKinsey）公司于 1998 年创立的，

属于多因素分析模型。它在宏观经济因素，如失业率、GDP增长率、长期利率水平、汇率、政府支出以及总储蓄率等一定的情况下，模拟了违约概率的联合分布。该模型将违约概率、转移概率和宏观经济状况紧密结合起来，当经济状况恶化时，降级和违约增加；反之，当经济状况好转时，降级和违约减少。麦肯锡提出信贷组合理论，直接将信用等级转移概率与宏观因素的内在关系模型化，并通过制造宏观"冲击"来模拟转移概率矩阵的跨时演变。Credit Portfolio View可以看成是对 Credit Metrics 的补充，它克服了 Credit Metrics 中不同时期的评级转移矩阵固定不变的缺点。

（三）四种模型之间的比较

Credit Metrics 模型的优点在于：这种方法首次将风险价值（VaR）的方法运用在信用风险的量化测定和管理上，并将单一信用工具放入资产组合中衡量其对整个组合风险状况的作用，使用了边际风险贡献的概念，可以清楚地看出各种信用工具在整个组合的信用风险中的作用，最终为投资者进行组合管理和决策提供科学的量化依据。其缺点在于：首先，它假定同一信用评级内所有的债务人都具有相同的评级转移概率，并用历史的平均转移概率来近似地模拟未来的评级转移概率，而根据 KMV 的研究，这两条假设都不成立；其次，该模型用来重估债券价值的无风险利率是决定性的，没有反映市场风险以及潜在的经济环境变化；最后，在估计违约相关性方面，模型用股票相关性来代替资产相关性，这可能导致估计不精确。

Credit Risk + 模型采用精算学的分析框架来推导信贷组合

的损失分布，这使得模型具有非常规范和完整的数据形式。模型的优点在于：要求输入的数据很少，基本上只涉及敞口数据和违约概率，所以对贷款损失的计算非常容易。其缺点在于：第一，模型对于单个债务人的违约率没有详细阐述，而它们却是模型的基本输入因子；第二，债务人的违约概率不取决于其风险特征和市场风险；第三，债务人没有被赋予相应的信用评级，并假定每笔贷款的信用风险暴露在计算期间内是固定不变的。

KMV 模型的优点在于：其将违约与公司特征而不是公司的初始信用等级联系在一起，使其对债务人质量的变化更加敏感；同时，它采用的是企业股票市场价格分析方法，这使得该模型可以随时根据该企业股票市场价格的变化来更新模型的输入数据，得出及时反映市场预期和企业信用状况变化的新的预期违约率（EDF）。并且，KMV 模型所提供的指标来自于对股票市场价格实时行情的分析，而股票市场的实时行情不仅反映了该企业历史的和当前的发展状况，更重要的是反映了市场中的投资者对于该企业未来发展的综合预期，具有一定的前瞻性。模型的缺点在于：其一，有关企业财务结构的假设过于简单，现实中的企业财务结构往往是很复杂的；其二，模型所推导的预期违约率与违约距离之间的函数关系主要是以美国公司的数据为基础的，应用于其他国家和地区，其有效性有待进一步检验。

Credit Portfolio View 模型是唯一用经济状态来模拟违约事件的信用风险模型，用多因素、多时期离散时间序列模型来模拟不同国家各个信用级别产品的违约概率信用等级转换概率的联合条件分布。模型的优点在于：它较为充分地考虑了宏观经济环境对信用等级迁移的影响，而不是无条件地用历史上违约的平均值来代替；信用等级迁移概率具有盯市性，因而可以提高信用风险度量的准确性；它既可以适用于单个债务人，也可以适用于群体债务，如零售组合。其不足之处在于：第一，模型关于违约事件与宏观经济变量之间的关系的假设太过牵强，忽略了影响违约事件的一系列微观经济因素，尤其是企业个体的特征；第二，模型的数据要求过于复杂，而每一个国家、每一个行业的违约信息，往往较难获得，模型的应用有一定的局限性。

三、《巴塞尔新资本协议》计量信用风险的方法

巴塞尔银行监管委员会认真总结归纳了国际金融界衡量、管理信用风险的先进做法和存在的问题，经过对 Credit Metrics、KMV 等信用估算模型做充分研究和比较后，根据其成熟度及可操作性进行了相应调整，在《巴塞尔新资本协议》中最后确定了信用风险标准法与内部评级法。其中，内部评级法是《巴塞尔新资本协议》的核心。巴塞尔银行监管委员会重视并鼓励商业银行运用内部评级法提高风险管理能力，并最终过渡到全面采用资产组合信用风险模型。

表 2-1 《巴塞尔新资本协议》计量信用风险的基本框架适用范围

方法	适用范围
标准法	巴塞尔银行监管委员会建议业务相对简单、风险管理相对薄弱的银行用标准法计算资本充足率。

表 2 - 1（续）

方法	适用范围
内部评级法	对于业务复杂程度较高、风险管理水平较高的银行，都能够满足内部评级法的最低门槛规定，能够在银行内部建立信用评级模型，巴塞尔银行监管委员会要求其采用基于内部评级的方法确定信用资产的风险权重，降低资本计提额。

（一）标准法

标准法与老协议大致相同。按要求，银行根据风险暴露可观察的特点，将信用风险暴露划分到监管当局规定的几类档次上。按标准法的要求，每一监管当局规定的档次对应一个固定的风险权重，同时采用外部信用评级提高风险敏感度（老协议的敏感度不高）。按照外部信用评级，对主权、银行同业、公司的风险暴露的风险权重各不相同。对于主权风险暴露，外部信用评级可包括经合组织（OECD）的出口信用评级和私人部门评级公司公布的评级。

标准法规定了各国监管当局决定银行是否采用某类外部评级所应遵守的原则。然而，使用外部评级计量公司贷款仅作为新协议下的一项备选方法。若不采用外部评级，标准法规定在绝大多数情况下，风险权重为100%，就是相当于在老协议下资本充足率要求为8%。出现这种情况时，监管当局在考虑特定风险暴露的违约历史后，确保资本要求相当充足。标准法的一项重大创新是将逾期贷款的风险权重规定为150%，除非银行针对该类贷款已经计提了达到一定比例的专项准备。

标准法的另一个重要内容是扩大了银行可使用的抵押、

担保和信用衍生产品的范围。总的来说,《巴塞尔新资本协议》将这类工具统称为信用风险缓释工具。在经合组织国家债券的基础上,标准法扩大了合格抵押品的范围,使其包括了绝大多数金融产品,并在考虑抵押工具市场风险的同时,规定了计算资本下调幅度的几种方法。此外,标准法还扩大了合格担保人的范围,使其包括了符合一定外部评级条件的各类公司。

标准法还包括对零售风险暴露的特殊处理方法。相对于老协议而言,住房抵押贷款和其他一些零售业务的风险权重做了下调,其结果是低于未评级公司贷款的风险权重。此外,在满足一定条件时,中小企业贷款也可作为零售贷款处理。

（二）内部评级法

信用风险的 IRB 法即内部评级法包括两种形式:IRB 初级法、IRB 高级法。IRB 法与标准法的根本不同表现在,银行对重大风险要素的内部估计值将作为计算资本的主要参数。该法以银行自己的内部评级为基础,有可能大幅度提高资本监管的风险敏感度。然而,IRB 法并不允许银行自己决定计算资本要求的全面内容。相反,风险权重及资本要求的确定要同时考虑银行提供的数量指标和巴塞尔银行监管委员会确定的一些公式。

这里讲的公式或称风险权重函数,可将银行的指标转化为资本要求。公式建立在现代风险管理技术之上,涉及数理统计及对风险的量化分析。目前,与业内人士的对话已经表明,采用该法是在建立反映今天复杂程度极高的大银行风险有效评估体系方面迈出的重大的一步。

IRB 法对主权、银行和公司风险暴露采用相同的风险加权资产计算方法。该法依靠四方面的数据，一是违约概率（PD），即特定时间段内借款人违约的可能性；二是违约损失率（LGD），即违约发生时风险暴露的损失程度；三是违约风险暴露（EAD），即对某项贷款承诺而言，发生违约时可能被提取的贷款额；四是期限（M），即某一风险暴露的剩余经济到期日。

IRB 高级法与初级法的主要区别反映在数据要求上，前者要求的数据是银行自己的估计值，而后者要求的数据则是由监管当局确定的。

表 2 - 2   IRB 初级法和 IRB 高级法的比较

	IRB 初级法	IRB 高级法
违约概率	银行提供的估计值	银行提供的估计值
违约损失率	委员会规定的监管指标	银行提供的估计值
违约风险暴露	委员会规定的监管指标	银行提供的估计值
期限	委员会规定的监管指标	银行提供的估计值

表 2 - 2 表明，对于公司、主权和银行同业的风险暴露，所有采用 IRB 法的银行都必须提供违约概率的内部估计值。此外，采用 IRB 高级法的银行必须提供 LGD 和 EAD 的内部估计值，而采用 IRB 初级法的银行将采用新协议第三稿中监管当局考虑到风险暴露属性后规定的指标。总体来看，采用 IRB 高级法的银行应提供上述各类风险暴露剩余期限的估计值，然而也不排除在个别情况下，监管当局可允许采用固定的期限假设。对于采用 IRB 初级法的银行，各国监管当局可

自己决定是否全国所有的银行都采用新协议第三稿中规定的固定期限假设，或银行自己提供剩余期限的估计值。

第四节 信用风险的监测与报告

信用风险监测是信用风险管理流程中的重要环节，是指信用风险管理者通过各种监控技术，动态捕捉信用风险指标的异常变动，判断其是否已达到或超过引起关注水平。如果达到或超过引起关注水平，就应当及时采用调整授信政策、优化组合结构、资产证券化等对策，达到控制、分散、转移信用风险的效果，或在风险演变成危机时采取有效措施，将损失降到最低。信用风险监测是一个动态、连续的过程，通常包括两个层面：一是跟踪已识别风险的发展变化情况，包括在整个授信周期内，风险产生的条件和导致的结果变化，评估风险缓释计划需求；二是根据风险的变化情况及时调整风险应对计划，并对已发生的风险及其产生的遗留风险和新增风险及时识别、分析，以便采取适当的应对措施。

一、信用风险的监测对象

1. 单一客户风险监测

单一客户风险监测方法包括一整套贷后管理的程序和标准，并需借助客户信用评级、贷款分类等方法。商业银行监测信用风险的传统做法是建立单个债务人授信情况的监测体系，监控债务人或交易对方各项合同的执行情况，界定和识别有问题贷款，决定所提取的准备金和储备是否充分。

客户风险的内生变量包括以下两大类指标：

（1）基本面指标。这主要包括品质类指标、实力类指标、环境类指标。品质类指标包括融资主体的合规性、公司治理及经营组织架构、管理层素质、还款意愿、信用记录等；实力类指标包括资金实力、技术及设备先进性、人力资源、资质等级、营运效率、成本管理、重大投资影响、对外担保因素影响等；环境类指标包括市场竞争环境、政策法规环境、外部重大事件、信用环境等。

（2）财务指标。这主要包括偿债能力指标、盈利能力指标、营运能力指标、增长能力指标等。偿债能力指标包括营运资金、流动比率、速动比率、现金比率等短期偿债能力指标和利息保障倍数、债务本息偿还保障倍数、资产负债率、净资产负债率、有息负债的息税前盈利、现金支付能力等长期偿债能力指标；盈利能力指标包括总资产收益率、净资产收益率、产品销售利润率、营业收入利润率、总收入利润率、销售净利润率、销售息税前利润率、资本收益率、销售成本利润率、营业成本费用利润率、总成本费用净利润率，以及上市公司的每股收益率、普通股权益报酬率、股利发放率、价格与收益比率等指标；营运能力指标包括总资产周转率、流动资产周转率、存货周转率、应收账款周转率、固定资产周转率等指标；增长能力指标包括资产增长率、销售收入增长率、利润增长率、权益增长率等指标。

2. 组合风险监测

组合层面的风险监测把多种信贷资产作为投资组合进行整体监测。商业银行组合风险监测主要有两种方法：

（1）传统监测方法。它主要是对信贷资产组合的授信集中度和结构进行分析监测。授信集中度是指相对于商业银行资本金、总资产或总体风险水平而言，存在较大潜在风险的授信。结构分析包括行业、客户、产品、区域等的资产质量、收益等维度。商业银行可以依据风险管理专家的判断，给予各指标一定权重，最终得出对单个资产组合风险判断的综合指标。

（2）资产组合模型。商业银行在计量每个暴露的信用风险，即估计每个暴露的未来价值概率分布的基础上，就能够计量组合整体的未来价值概率分布。通常有两种方法：①估计各暴露之间的相关性，从而得到整体价值的概率分布。当然，估计大量个体暴露之间的相关性非常困难，一般把暴露归成若干类别，假设每个类别内的个体暴露完全相关。在得到各个类别未来价值的概率分布后，再估计风险类别之间的相关性，从而得到整体的未来价值概率分布。②不处理各暴露之间的相关性，而把投资组合看成一个整体，直接估计该组合资产的未来价值概率分布。

二、信用风险监测的主要指标

风险监测指标体系是非现场监测的关键，通常包括潜在指标和显现指标两大类。前者主要用于对潜在因素或征兆信息的定量分析；后者则用于显现因素或现状信息的量化。

信用风险监测指标包括不良资产/贷款率、单一集团客户授信集中度、全部关联度、贷款损失准备充足率、贷款风险迁徙率等指标。

（1）不良资产率为不良资产余额与资产余额之比，一般不应高于4%；不良贷款率为不良贷款余额与贷款余额之比，一般不应高于5%。

（2）单一集团客户授信集中度为最大一家集团客户授信总额与资本净额之比，一般不应高于15%；单一客户贷款集中度为最大一家客户贷款总额与资本净额之比，一般不应高于10%。

（3）全部关联度为全部关联客户授信与资本净额之比，一般不应高于50%。

（4）贷款损失准备充足率为贷款实际计提损失准备与应提准备之比，一般不低于100%。

（5）贷款风险迁徙率，主要包括正常贷款迁徙率、正常类贷款迁徙率、关注类贷款迁徙率、次级类贷款迁徙率、可疑类贷款迁徙率。

①正常贷款迁徙率＝（期初正常类贷款中转为不良贷款的金额＋期初关注类贷款中转为不良贷款的金额）/（期初正常类贷款余额－期初正常类贷款期间减少金额＋期初关注类贷款余额－期初关注类贷款期间减少金额）×100%

期初正常类（关注类）贷款中转为不良贷款的金额，是指期初正常类贷款中，在报告期末分类为次级类、可疑类、损失类贷款的余额之和。

期初正常类（关注类）贷款期间减少金额，是指期初正常类贷款中，在报告期内，由于贷款正常收回、不良贷款处置或贷款核销等原因而减少的贷款。

②正常类贷款迁徙率＝期初正常类贷款向下迁徙金

额／（期初正常类贷款余额－期初正常类贷款期间减少金额）
×100%

期初正常类贷款向下迁徙金额，是指期初正常类贷款
中，在报告期末分类为关注类、次级类、可疑类、损失类贷
款的余额之和。

③关注类贷款迁徙率＝期初关注类贷款向下迁徙金
额／（期初关注类贷款余额－期初关注类贷款期间减少金额）
×100%

期初关注类贷款向下迁徙金额，是指期初关注类贷款
中，在报告期末分类为次级类、可疑类、损失类贷款的余额
之和。

④次级类贷款迁徙率＝期初次级类贷款向下迁徙金
额／（期初次级类贷款余额－期初次级类贷款期间减少金额）
×100%

期初次级类贷款向下迁徙金额，是指期初次级类贷款
中，在报告期末分类为可疑类、损失类贷款的余额之和。

期初次级类贷款期间减少金额，是指期初次级类贷款
中，在报告期内，由于贷款正常收回、不良贷款处置或贷款
核销等原因而减少的贷款。

⑤可疑类贷款迁徙率＝期初可疑类贷款向下迁徙金
额／（期初可疑类贷款余额－期初可疑类贷款期间减少金额）
×100%

期初可疑类贷款向下迁徙金额，是指期初可疑类贷款
中，在报告期末分类为损失类贷款的余额。

期初可疑类贷款期间减少金额，是指期初可疑类贷款

中，在报告期内，由于贷款正常收回、不良贷款处置或贷款核销等原因而减少的贷款。

案例分析

某商业银行期初正常类贷款 5 000 万元，期末该 5 000 万元的变化结果为收回 500 万元，正常 4 250 万元，转为关注、次级、可疑、损失和核销各 50 万元，按上述公式计算，迁徙率为：

$$(50 + 50 + 50 + 50)/(5\ 000 - 500 - 50) \times 100\% = 4.5\%$$

若收回金额为 3 000 万元，其他不变，则迁徙率计算结果为：

$$(50 + 50 + 50 + 50)/(5\ 000 - 3\ 000 - 50) \times 100\% = 10.26\%$$

三、风险报告

风险报告是将风险信息传递到内外部部门和机构，使其了解商业银行客体风险和商业银行风险管理状况的工具。风险报告是商业银行实施全面风险管理的媒介，贯穿于风险管理整个流程和各个层面。高可信度的风险报告能够为管理层提供全面、及时和精确的信息，辅助管理决策，并为监控日常经营活动和合理的绩效考评提供有效支持。

从报告的使用者看，风险报告可分为内部报告和外部报告两种。内部报告通常包括：评价整体风险状况、识别当期风险特征、分析重点风险因素、总结专项风险工作、配合内部审计调查等。外部报告主要包括：提供监管数据、反映管理情况、提出风险管理的措施或建议等。

从类型上看，风险报告通常分为综合报告和专题报告两种。综合报告是各报告单位针对管理范围内、报告期内各类风险与内控状况撰写的综合性风险报告，主要包括：辖内各类风险总体状况及变化趋势、分类风险状况及变化原因分析、风险应对策略及具体措施、加强风险管理的建议。专题报告是各报告单位针对管理范围内发生的或潜在的重大风险事项与内控隐患所作出的专题性风险分析报告，主要包括：重大风险事项描述、发展趋势及风险因素分析、已采取和拟采取的措施。

第五节　信用风险的控制

信用风险控制是指商业银行在信用风险识别和度量的基础上，针对所承受的信用风险及经济损失发生的严重程度，选择和实施对信用风险进行管理的决策方法，并且对该方法实施的效果进行即时监控和反馈，进而对原方法做出相应的调整。风险控制的目的是为了寻求风险的平衡，即损失和收益的平衡。商业银行要做到风险的平衡就是要在完成巴塞尔银行监管委员会所要求的计量出风险的可能性的基础上，不是被动地仅仅通过增加风险资本准备来防范风险，而是根据巴塞尔银行监管委员会资本充足比率的要求和商业银行自身有限的资本准备，主动地去调节和配置信贷资产组合，以求得风险资本的最佳配置。风险资本的最佳配置就是要求商业银行根据董事会的风险偏好计算得到的风险资本和董事会要求的业务发展计划，针对银行现有信贷资产组合的收益、损失情况，找出风险资本在抵御损失和获得收益两个方向上的最佳合理配置方案。商业银行风险资本的最佳配置在银行层面主要是通过政策调整、业务流程管理和限额管制来实现的。

一、限额管理

限额管理是指对关键风险指标设置限额，并据此对业务开展进行监测和控制的过程。风险限额是银行等金融机构所制定的风险政策的具体量化，表明了银行所期望的承受风险的上限，是风险管理人员进行积极风险防范的重要风险监控基准。

对于一个银行来说，如果没有建立完善的限额管理体系，也就根本无法实现风险管理的有效量化监控。从风险资本的角度出发，银行所期望的承受风险的上限对应于需要准备的风险资本，而这些风险资本则需要通过具体的风险限额量化指标的方式分配到具体的资金投资组合之中。没有建立详细和具体风险限额指标的银行，其风险管理政策实际上无法落实到具体的业务风险监控之中，而所谓风险管理也就成了空谈。

限额管理体系在技术环节上应该包括三个主要内容：

（1）限额的设置，就是将银行的各种风险政策转换成具体的量化指标。

（2）限额的监测，就是通过风险计量工具进行具体组合的风险计量，并将这些计量结果和所设置的风险限额进行比较，重点监测超过限额或接近限额的组合，并对这些组合进行深入分析，找出风险源。

（3）限额的控制，就是针对具体超过限额或接近限额的组合中的风险源进行风险规避的可行性分析。这种分析一般是建立在真实金融环境下的风险对冲或风险缓释模拟分析，为风险规避实施提供有效的量化参考数据。

这三者之间具有相互依存关系：没有限额的设置，银行的风险管理政策就无法以量化的方式得以体现，而且所进行的各种风险的计量就没有进行控制的目标；没有风险计量工具就无法按照所设置的限额指标对具体组合进行风险计量；没有风险对冲模拟或风险缓释分析工具，就无法对超过限额或接近限额的组合进行风险规避量化分析，从而也就无法实现对风险实施控制的最终目的。

二、信用风险缓释

信用风险缓释是指商业银行运用合格的抵（质）押品、净额结算、保证和信用衍生工具等方式转移或降低信用风险。商业银行采用内部评级法计量信用风险监管资本，信用风险缓释功能体现为违约概率、违约损失率或违约风险暴露的下降。

（一）合格的抵（质）押品

合格抵（质）押品包括金融质押品、应收账款、商用房地产和居住用房地产以及其他抵（质）押品。

初级法对金融质押品的处理体现为对标准违约损失率（LGD）的调整，调整后的违约损失率为有效违约损失率

（LGD*）：

$$LGD^* = LGD \times (E^*/E)$$

其中 LGD 是在考虑质押品之前，高级的无担保贷款的标准违约损失率。对无认定担保的公司、主权和银行的高级债权，标准违约损失率为 45%；对公司、主权和银行的全部次级债权，不区分有无风险缓释技术，标准违约损失率为 75%。以下的内容均针对高级债权的处理。

E 是风险暴露的当前值；E^* 是风险缓释后的风险暴露。

$$E^* = \max\{0, [E \times (1 + H_e) - C \times (1 - H_c - H_{fx})]\}$$

其中：

H_e 为风险暴露的折扣系数；

C 为风险缓释前抵押品价值；

H_c 为抵押品的折扣系数；

H_{fx} 为处理抵押品和风险暴露币种错配的折扣系数。

E^* 的概念只用于计算违约损失率。除非另有规定，银行应当在不考虑任何抵押品的情况下计算违约风险暴露。

采用初级内部评级法的商业银行，应收账款、商用房地产和居住用房地产以及其他抵（质）押品的信用风险缓释作用体现为违约损失率的下降，下降程度取决于抵（质）押品当前价值与风险暴露当前价值的比率和抵（质）押水平。采用初级内部评级法的商业银行，利用多种形式抵（质）押品共同担保时，需要将风险暴露拆分为由不同抵（质）押品覆盖的部分，分别计算风险加权资产。拆分按金融质押品、应收账款、商用房地产和居住用房地产以及其他抵（质）押品的顺序进行。

采用高级内部评级法的商业银行，抵（质）押品的信用风险缓释作用体现在违约损失率的估值中。商业银行应根据自行估计的抵（质）押品回收率，对各抵（质）押品所覆盖的风险暴露分别估计违约损失率。银行在自行估计违约损失率时，应考虑不同业务品种、不同地区、不同行业、不同抵（质）押类型等因素所带来的回收率的差异。回收所产生的相应成本应在估算违约损失率时予以考虑。

（二）合格净额结算

合格净额结算是指以结算参与人为单位，对其买入和卖出交易或借出和借入的余额进行轧差，以轧差得到的一个净额与结算参与人进行交收的制度。合格净额结算包括从属于有效净额结算协议的表内净额结算、从属于净额结算主协议的回购交易净额结算、从属于有效净额结算协议的场外衍生工具净额结算和交易账户信用衍生工具净额结算。一般来说，应对银行账户和交易账户的交易分别进行净额结算，只有当所有的交易当天盯市，且交易中使用的抵押工具均为银行账户中的合格金融质押品时，银行账户和交易账户之间的轧差头寸才可以按照净额结算处理。商业银行采用合格净额结算缓释信用风险时，应持续监测和控制后续风险，并在净头寸的基础上监测和控制相关的风险暴露。

内部评级法下存贷款表内净额结算的处理体现为违约风险暴露的下降。通过有效的表内净额结算风险缓释技术进行处理后，违约风险暴露采用如下净风险暴露（E^*）的公式进行计算：

$$E^* = \max\{0, 贷款 - 存款 \times (1 - H_{fx})\}$$

H_{fx} 为折扣系数，在资产与负债存在币种错配时取 8%。折扣系数的最低持有期假定为 10 个交易日且调整为逐日盯市。

从属于净额结算主协议的回购交易，可以将回购的金融资产视为金融质押品处理；也可以视为表内净额结算进行处理，此时违约风险暴露按照如下公式进行计算：

$$E^* = \max\{0, [\sum(E) - \sum(C) + \sum(E_s \times H_s)$$
$$+ \sum(E_{fx} \times H_{fx})]\}$$

其中：

E^* 为风险缓释后的风险暴露；

E 为风险暴露的当前价值；

C 为所接受的抵押品的当前价值；

E_s 为给定证券的净头寸的绝对值；

H_s 为适用于 E_s 的折扣系数；

E_{fx} 为与清算币种错配的净头寸的绝对值；

H_{fx} 为使用于币种错配的折扣系数。

以上系数可以采用标准化的折扣系数，也可以由各银行通过考虑证券头寸的相关性，使用 VaR 模型计算回购交易中风险暴露和抵押品的价格波动。

从属于净额结算主协议的场外衍生交易，在净额结算前需要首先计算出净额结算交易的信贷等值，然后乘以交易对手的风险权重得到加权额。信贷等值应为当前暴露净额与潜在暴露净额之和：

（1）当前暴露净额。如果单项合约的正、负市值之和为正，则为其净额；

（2）潜在暴露净额（净增或 A_{Net}）。由每笔交易合约本金乘以相应的信用转换系数（CCF_s）所得之积的 40%，再加上每笔交易合约本金乘以相应的信用转换系数（CCF_s）、净额比率 NGR 之积的 60%。具体公式如下：

$$A_{Net} = 0.4 \times A_{Gross} + 0.6 \times NGR \times A_{Gross}$$

其中：

A_{Gross} 为净额结算主协议下对同一交易对手的所有合约的潜在暴露净额（由资本金乘以信用转换系数得到）之和。

NGR 为净额结算主协议覆盖的合约的重置成本净额与重置成本总额的比率。NGR 既可以通过对单个交易对手计算得到，也可以通过净额结算主协议覆盖的所有交易的总量计算得到。

3. 合格保证和信用衍生工具

采用内部评级高级法的银行可以通过调整违约概率或违约损失率的估计值来反映保证和信用衍生工具的风险缓释效应。对不符合自行估计违约损失率的银行，则只能通过调整违约概率来反映风险缓释的作用。无论选择调整违约概率或违约损失率，银行都必须在不同的保证或信用衍生工具类型之间、在一定的时期内保持方法的一致性。

同一风险暴露由多个保证人提供保证且不划分保证责任的情况下，在内部评级初级法下，对多个保证人的风险缓释作用不得同时考虑，商业银行可以选择信用等级最好，风险缓释效果最优的保证人进行风险缓释处理。

对保证或信用衍生工具覆盖的部分，采用替代法处理：

（1）采用保证提供方所适用的风险权重函数。

（2）采用保证人评级结果对应的违约概率。如果银行认为不能采用完全替代的处理方式，也可以采用借款人评级与保证人评级之间的某一个评级的违约概率。

（3）将风险暴露视为保证人的暴露，采用保证的违约损失率替代这笔交易的违约损失率。保证的违约损失率须考虑优先性和担保承诺的抵押状况。如保证人未对该笔风险暴露采取其他风险缓释技术，则采用标准的违约损失率；否则，对保证人的风险缓释技术需继续进行处理。

对风险暴露无风险缓释工具覆盖的部分，采用借款人评级及标准违约损失率确定风险权重。

如果信用保护的货币与风险暴露的货币不同，即存在币种错配，则认定已保护部分的风险暴露将通过折扣系数 H_{fx} 予以降低。具体公式如下：

$$G_a = G \times (1 - H_{fx})$$

其中：

G_a 为信用保护覆盖并经币种错配调整后的风险暴露；

G 为保护部分的名义价值；

H_{fx} 为适用于信用保护和对应负债币种错配的折扣系数。折扣系数为8%，最低持有期假定为10个交易日且调整为逐日盯市。

在内部评级高级法下，如果商业银行可以通过历史数据证明多人联保的风险缓释作用大于单个保证，允许商业银行考虑每个保证人对降低风险的贡献，并体现为违约损失率的下降。

（4）信用风险缓释工具池：

①在内部评级初级法下风险缓释技术池的处理。如对单独一项风险暴露存在多项信用风险缓释技术，则银行须将风险暴露再细分为每一信用风险缓释技术对应的部分（如抵押品部分、保证部分），每一部分分别计算加权风险资产。如信用保护由一个信用保护者提供，但有不同的期限，也应细分为几个独立的信用保护。细分的规则应使风险缓释作用发挥最大。

②在内部评级高级法下风险缓释技术池的处理。如果商业银行通过增加风险缓释技术可以提高对风险暴露的回收率，则鼓励商业银行对同一风险暴露增加风险缓释技术来降低违约损失率。采用此种方法处理的商业银行必须证明此种方式对风险抵补的有效性，并建立合理的多重风险缓释技术处理的相关程序和方法。

三、关键业务环节控制

信贷业务流程涉及很多重要环节，本节仅就授信权限管理、贷款定价、信贷审批以及贷款转让和贷款重组中与信用风险管理密切相关的关键环节进行介绍。

（一）授信权限管理

商业银行内部风险管理制度必须在设立授信权限方面作出职责安排和相关规定，并对弹性标准进行明确定义。授信权限管理通常遵循以下原则：

（1）给予每一交易对方的信用须得到一定权力层次的批准；

（2）集团内所有机构在进行信用决策时应遵循一致的标准；

（3）债项的每一个重要改变（如主要条款、抵押结构及主要合同）应得到一定权力层次的批准；

（4）交易对方风险限额的确定和单一信用风险暴露的管理应符合组合的统一指导及信用政策，每一决策都应建立在风险—收益分析基础之上；

（5）根据审批人的资历、经验和岗位培训，将信用授权分配给审批人并定期进行考核。

（二）贷款定价

（1）贷款定价的决定要素

贷款定价的形成机制比较复杂，市场、银行和监管机构这三方面是形成均衡定价的三个主要力量。贷款定价通常由以下因素来决定：

贷款最低定价＝（资金成本＋经营成本＋风险成本＋资本成本）/贷款额

资金成本包括债务成本和股权成本，经营成本以所谓的部门成本包括在价格计算中。风险成本一般指预期损失。资金成本主要是指用来覆盖该笔贷款的信用风险所需要的经济资本的机会成本，它在数值上等于经济资本与股东最低资本回报率的乘积。

RAROC（风险调整资产收益率）在贷款定价中应用的一般公式为：

RAROC＝（某项贷款的年收入－各项费用－预期损失）/监管或经济资本

式中，预期损失代表商业银行为风险业务计提的各项准备，而经济资本则是用来抵御商业银行的非预期损失所需的资本。

（2）贷款定价的影响因素

贷款定价不仅受单个借款者风险的影响，还受商业银行当前资产组合结构的影响。

（三）信贷审批

信贷审批是在贷前调查和分析的基础上，由获得授权的审批人在规定的限额内，结合交易对方或贷款申请人的风险评级，对其信用风险暴露进行详细的评估之后作出信贷决策的过程。在评估过程中，既要考虑客户的信用等级，又要考虑具体债项的风险。信用评估过程不仅反映信用决策的结果，而且考验决策层的信用管理水平。

（四）贷款转让

贷款转让通常指贷款有偿转让，是贷款的原债权人将已经发放但未到期的贷款有偿转让给其他机构的经济行为，又被称为贷款出售。其主要目的是为了分散风险、增加收益、实现资产多元化、提高经济资本配置效率。贷款转让可以实现信用风险的转移。

贷款转让按转让的贷款笔数可分为单笔贷款转让和组合（打包）贷款转让；按转让贷款的资金流向可分为一次性转让和回购式转让；按原债权人对已转让贷款是否承担风险可分为无追索转让和有追索转让；按原债权人对已转让贷款是否参与管理可分为代管式转让和非代管式转让；按新债权人

确定方式可分为定向转让与公开转让（通常通过招标）。

大多数贷款的转让属于一次性、无追索、一组同质性的贷款（如住房抵押贷款）在贷款二级市场上公开打包出售。

（五）贷款重组

贷款重组是当债务人因种种原因无法按原有合同履约时，商业银行为了降低客户违约风险引致的损失，而对原有贷款结构（期限、金额、利率、费用、担保等）进行调整、重新安排、重新组织的过程。贷款重组应注意以下几个方面：①是否属于可重组的对象或产品；②为何进入重组流程；③是否值得重组，即重组的成本与重组后可减少的损失孰大孰小；④对抵押品、质押物或保证人一般应重新进行评估。

贷款重组主要包括以下措施：①调整信贷产品，包括从高风险品种调整为低风险品种、从有信用风险品种调整为无信用风险品种、从项目贷款调整为周转性贷款、从无贸易背景的品种调整为有贸易背景的品种、从部分保证的品种调整为100%保证的品种；②减少贷款额度；③调整贷款期限；④调整贷款利率；⑤增加控制措施，限制企业经营活动。

第三章 市场风险管理

近年来，我国商业银行之间的竞争日趋激烈，来自企业的"脱媒"行为、金融产品创新对银行传统业务的冲击，以及资金拆借市场、债券交易市场等的建立和发展，促使商业银行的经营行为和方式发生重大转变，经营重点由传统的贷款业务向多元化的组合方式发展，商业银行面临的市场风险也变得更加突出。

第一节 市场风险概述

一、市场风险的定义

2004 年 12 月 16 日，中国银行业监督管理委员会第 30 次主席会议通过了《商业银行市场风险管理指引》（下文简称为《指引》），并自 2005 年 3 月 1 日起施行。《指引》对市场风险下了完整和全面的定义：市场风险是指因市场价格（利率、汇率、股票价格和商品价格）的不利变动而使银行表内和表外业务发生损失的风险。市场风险存在于银行的交易和非交易业务中。这类风险与金融市场本身的成熟程度相关，市场越成熟，市场风险就越小；市场越不成熟，市场风险越大。市场风险一旦大规模发生，不仅会给投资者带来极大的损失和伤害，而且会给整个金融市场带来灾难性的破坏。

二、市场风险的分类

市场风险可以分为利率风险、汇率风险（包括黄金）、股票价格风险和商品价格风险，分别是由于利率、汇率、股票价格和商品价格的不利变动而可能给商业银行造成经济损失的风险。

（一）利率风险

利率风险按照来源不同，分为重新定价风险、收益率曲线风险、基准风险和期权性风险。

1. 重新定价风险

重新定价风险也称为期限错配风险，是最主要和最常见的利率风险形式，来源于银行资产、负债和表外业务到期期限（就固定利率而言）或重新定价期限（就浮动利率而言）所存在的差异。这种重新定价的不对称性使银行的收益或内在经济价值会随着利率的变动而变化。例如，如果银行以短期存款作为长期固定利率贷款的融资来源，当利率上升时，贷款的利息收入是固定的，但存款的利息支出却会随着利率的上升而增加，从而使银行的未来收益减少、经济价值降低。

2. 收益率曲线风险

重新定价的不对称性也会使收益率曲线斜率、形态发生变化，即收益率曲线的非平行移动，对银行的收益或内在经济价值产生不利影响，从而形成收益率曲线风险，也称为利率期限结构变化风险。例如，若以 5 年期政府债券的空头头寸为 10 年期政府债券的多头头寸进行保值，当收益率曲线变陡的时候，虽然上述安排已经对收益率曲线的平行移动进行了保值，但该 10 年期债券多头头寸的经济价值还是会下降。

3. 基准风险

基准风险也称为利率定价基础风险，是另一种重要的利率风险来源。在利息收入和利息支出所依据的基准利率变动不一致的情况下，虽然资产、负债和表外业务的重新定价特征相似，但因其现金流和收益的利差发生了变化，也会对银行的收益或内在经济价值产生不利影响。例如，一家银行可能用一年期存款作为一年期贷款的融资来源，贷款按照美国国库券利率每月重新定价一次，而存款则按照伦敦同业拆借市场利率每月重新定价一次。虽然用一年期的存款为来源发放一年期的贷款，由于利率敏感性负债与利率敏感性资产的重新定价期限完全相同而不存在重新定价风险，但因为其基准利率的变化可能不完全相关，变化不同步，仍然会使该银行面临着因基准利率的利差发生变化而带来的基准风险。

4. 期权性风险

期权性风险是一种越来越重要的利率风险，来源于银行资产、负债和表外业务中所隐含的期权。一般而言，期权赋予其持有者买入、卖出或以某种方式改变某一金融工具或金融合同的现金流量的权利，而非义务。期权可以是单独的金融工具，如场内（交易所）交易期权和场外期权合同，也可以隐含于其他的标准化金融工具中，如债券或存款的提前兑付、贷款的提前偿还等选择性条款。一般而言，期权和期权性条款都是在对买方有利而对卖方不利时执行，因此，此类期权性工具因具有不对称的支付特征而会给卖方带来风险。比如，若利率变动对存款人或借款人有利，存款人就可能选择重新安排存款，借款人也可能选择重新安排贷款，从而对银行产生不利影响。如今，越来越多的期权品种因具有较高的杠杆效应，还会进一步增大期权头寸可能会对银行财务状况产生的不利影响。

以存贷款业务为主的商业银行在资产和负债的期限结构上通常是不匹配的，这就意味着利率的上升或下降会带来银行价值和收益的巨大变动。通常银行吸收存款的期限较短而提供贷款的期限较长，如果利率上升，对其负债（也就是期限较短的存款）来说，总体价值下降得并不多；而对资产（期限较长的贷款）来说，会有一个比较大的价值的下降，因而银行的价值就会减少。一些特殊业务，如住房信贷对利率的变化尤其敏感，当利率下降时，贷款人通常会选择提前还款，这也带来了银行再投资的风险从而影响到这类资产的价值。

（二）汇率风险

汇率风险又称为外汇风险，是指经济主体在持有或者运用外汇的经济活动中，因汇率波动而蒙受损失的可能性。从事涉外贸易、投资和借贷活动的经济主体，不可避免地会在国际范围内收付大量外汇或者拥有以外币表示的资产和债权债务。商业银行在市场经济中扮演中间人的角色，必然为这些经济主体服务，商业银行在参与到这些国际经济往来的活动中时，不可避免地主动或者被迫持有外汇资产或者债权债务。汇率的频繁波动，给外汇持有者或运用者带来不确定性，有可能带来巨大的损失，也有可能带来收益。这样，商业银行也就面临着汇率波动带来的不确定性。黄金作为世界货币流通体系中的硬通货，商业银行持有或收付运用黄金时，由于黄金在国际上的价格的波动，带来的可能损失和收益，也是商业银行所面临的市场风险。而之所以将黄金与外币归在同一类，其原因乃在于黄金的波动率与外币类似且银行管理二者的方式也相当雷同。由于各国货币系由各国中央银行发行，而黄金则有其标准规格，故并无所谓个别风险存在，仅需针对一般市场风险计提资本。外汇风险资本计提范围包括银行所持有外国货币及黄金（交易簿与银行簿所列部位均需计入）。外汇风险资本计提系先将各币别净长部位与净短部位依即期汇率换算为人民币，并分别计算出净长部位合计数与净短部位合计数，再取其中绝对值较大者加上黄金净部位绝对值，即为外汇风险应计提资本的部位。

按照风险发生的时间阶段，将外汇风险来源分为三类：会计风险、交易风险和经济风险。

1. 交易风险

交易风险是指在计划、进行或者已经完成的银行外汇买卖等外币计价的业务交易中，由于持有外汇头寸的多头或者空头，汇率的波动使其蒙受损失。以外汇买卖为基本业务的银行承担的主要是这种风险。商业银行在业务经营中也会遇到交易结算风险，交易结算风险是一般企业在以外币计价进行交易活动中，由于将来进行交易结算时所运用的汇率没法确定而产生的风险。比如，出口企业以美元计价签订出口合同，从签订合同开始到实际装船，将汇票在外汇银行议付到最后收到人民币货款为止，这笔出口交易的人民币货款是不确定的，从而最终结算时的汇率水平直接影响这笔交易的损益。该笔以外币计价的交易金额就是受险部分。

2. 会计风险

跨国公司在编制合并会计报表时，需要将海外分公司的财务报表按照一定的会计准则转换为本国货币来表示。于是当汇率发生波动时，资产负债表中的外币计价的项目会发生波动，产生账面损失，这就是外汇风险中的会计风险。会计风险又称折算风险或转换风险，其规范的定义是：由于汇率变化而引起资产负债表中某些以外币计量的资产、负债、收入和费用在折算成本国货币表示的项目时可能产生的账面损失。

3. 经济风险

经济风险又称为经营风险，是指商业银行在未来的一定期间盈利能力与现金流量由于汇率变动所可能引起的意料之外的损失。意料之内的汇率变动不包括在经济风险中。因为银行在经营决策时，已经把意料到的汇率变动对未来收益的影响考虑进去，就不构成风险了。所以经济风险很大程度上取决于银行对汇率波动预测的准确性，并直接影响银行承担的经济风险的程度。

案例分析

银行吸收了一笔1年期美元存款1 000万美元，同时某客户要求发放一笔1年期欧元贷款1 000万欧元。假定当前美元对欧元的汇率是1:1，则银行可在外汇市场上将1 000万美元换成等额欧元后贷给客户。当存、贷款到期时，如果美元对欧元的汇率上升到1:1.3，也就是说欧元贬值30%，贷款客户归还的1 000万欧元就只能兑换大约770万美元，但银行必须支付1 000万美元给存款客户，银行因此出现了230万美元的巨额亏损，这就是汇率风险。假如银行没有用美元换成欧元发放贷款，而是从新的客户或市场上筹集一笔欧元发放贷款，那么即便美元对欧元的汇率发生波动，也不会导致上述损失。因此，币种结构的不匹配可能导致汇率风险。

（三）股票价格风险

股票价格风险主要指银行投资的股票等证券价格发生变动的风险。股票价格波动相对于利率和汇率来说，更难以察觉和寻找规律，往往有许多因素掺杂在一起而造成。这其中既有宏观经济的因素，也包括了具体的企业经营的微观因素，还有可能含有行业层面上的原因。银行通常会将资金投资于一些股票或证券衍生产品，其价格变动不可避免地会给银行带来意外的损失或收获。

（四）商品价格风险

根据《巴塞尔新资本协议》，商品被定义为有组织的市场交易的有形商品，如农产品、石油、天然气、贵金属（不包括黄金）。商品的价格受季节供求变化的影响大，存货对市场价格也发挥着重要作用，商品价格受多种因素的影响，其价格波动产生的商品风险也就很难衡量。商品风险资本计提范围包括实质产品已经或可能在次级市场交易者，如农产品、矿物（包括石油）及贵金属（不包括黄金），且不论是交易簿或银行簿所列部位均需计入。而如前所言，商品风险仅需针对一般市场风险进行资本计提。

第二节　市场风险的识别

市场风险的识别是指对银行面临的各种各样的市场风险因素进行认识、鉴别与分析。风险识别是基础环节，首先，银行要分析自身的市场风险暴露，即风险范围、风险业务种类以及受风险影响的程度。银行可以针对具体的资产负债项目进行分析，比如哪些资产的收益是固定的，哪些资产的收益是浮动的，以及负债的成本是固定的还是变化的。其次，银行还要对资产负债匹配状况进行整体上的考察，比如利率缺口、汇率敞口等。对于表外业务期权、期货等金融衍生工具的市场风险要能够准确判断，对于新开展的业务要做好市场风险评价。

商业银行要进一步对市场风险的成因和特征进行分析，针对利率、汇率、股票价格和商品价格的市场变化，做出准确判断。只有全面、完整和有效地识别市场风险，并准确地判断风险的特征，商业银行才能管理好、控制好市场风险。

下面介绍几种主要交易产品的风险特征。

一、即期

即期不属于衍生产品，但它是衍生产品交易的基础工具，通常指现金交易或现货交易。交易的一方按约定价格买入或卖出一定数额的金融资产，交付及付款在合约订立后的两个营业日内完成。即期交易可在世界各地的签约方之间进行。由于时区不同，需要向后推迟若干时间，以执行付款指令及记录必要的会计账目。这就是惯例规定交付及付款最迟于现货交易后两天执行的原因。在实践中，即期外汇买卖简称为即期，即交割日为交易日以后的第二个工作日（银行的营业日）的外汇交易。所谓交割日也是外汇交易合同的到期日，在该日交易双方互相交换货币。即期外汇买卖是外汇交易中最基本的交易，可以满足客户对不同货币的需求。例如，某进出口公司持有美元，但要对外支付的货币是日元，可以通过即期外汇交易，卖出美元，买入日元，以满足对外支付日元的需要。即期外汇交易还可以用于调整持有不同外汇头寸的比例，以避免发生外汇风险。例如，某国家外汇储备中美元所占比重较大，但为了防止美元下跌带来损失，可以卖出一部分美元，买入日元、欧元等其他国际主要储备货币，以避免产生外汇风险。此外，即期外汇交易还被用于外汇投机。

二、远期

远期产品通常包括远期外汇交易和远期利率合约。

　　远期外汇交易是由交易双方约定在未来某个特定日期，依交易时所约定的币种、汇率和金额进行交割的外汇交易。其中，远期汇率反映了货币的远期价值，其决定因素包括即期汇率、两种货币之间的利率差、期限等。远期汇率可以根据无风险套利原理推导出来，即两种货币按照该远期汇率用各自的利率分别折现后的比率应该等于这两种货币的即期汇率。远期外汇交易是最常用的规避汇率风险、固定外汇成本的方法。远期外汇交易与即期外汇交易的根本区别在于交割日不同。凡是交割日在成交两个营业日以后的外汇交易均属于远期外汇交易。

　　远期利率合约交易是从远期对远期存款市场发展而来的。远期利率合约是买卖双方在该市场上达成的一笔未来固定利率的名义利率贷款。远期利率合约是交易双方在对市场趋势分析差异的基础上，出于不同的目的而签订的。一方为避免利率上升的风险，另一方为防范利率下降的风险，双方约定为在未来某个期限使用的一笔资金事先商定一个利率。支付该约定利率者为买方，即在结算日收到对方支付市场利率的交易方，是名义上的借款人；收到该约定利率者为卖方，即在结算日支付市场利率的交易方，是名义上的贷款人。之所以称为"名义上"，是因为没有实际贷款发生，即实际上并没有本金和利息的支付，是一个虚拟的借贷行为。双方在结算日根据当日市场利率（通常是在结算日前两个营业日使用伦敦同业拆借利率来决定结算日的市场利率）与约定的利率结算利差，由利息金额大的交易一方支付给利息金额小的交易一方利差现金。远期利率合约标价的标准日期

（即合约期）一般是 3、6、9、12 个月，最长的是两年。银行有时也为零星的不标准期限标价。

远期利率合约是一种不在交易所进行，而在场外成交的金融交易。交易者主要是商业银行、商人银行和清算银行，也有非金融机构客户利用它来规避远期借贷利率上升的风险。现实中的远期利率合约市场与外汇市场一样，是一个由银行的电话、电传和电脑网络等联系起来的全球市场。

远期利率合约给银行提供了一种管理利率风险而无需改变银行资产负债表的有效工具。这是因为远期利率合约交易的本金不流动，而且利率也是差额结算，所以资金流动量较小。远期利率合约用来削减银行同业往来账，其优势特别明显，某些银行利用这种交易能削减其同业往来账的 40%。这对增加银行的资本比例和改善银行业务的资产收益率十分有益。与金融期货相比，远期利率合约具有简便、灵活和不需支付保证金等特点。它无需在交易所成交，对一些没有期货合约的货币来说，更具吸引力。远期利率合约不必如期货交易那样有固定的交割日和标准的金额，具体的要求可通过交易双方协商达成交易。并且无需支付一定比例的保证金，仅凭信用就可成交。但远期利率合约也有不利之处。由于远期利率合约是场外交易，往往较难找到合适的交易对手，也不能进行对冲交易。每笔交易都是相对独立的交易，仅能与另一笔远期利率合约掉换，不能出卖或冲销原合约。远期利率合约的信用风险随着交易对手的变化而发生变化。一般银行对远期利率合约交易用本金的 5% 来测算其信用风险限额。

相关知识：利率平价理论

凯恩斯和爱因齐格认为均衡汇率是通过国际抛补套利所引起的外汇交易形成的。在两国利率存在差异的情况下，资金将从低利率国流向高利率国以谋取利润。但套利者在比较金融资产的收益率时，不仅考虑两种资产利率所提供的收益率，还要考虑两种资产由于汇率变动所产生的收益变动，即外汇风险。套利者往往将套利与掉期业务相结合，以避免汇率风险，保证无亏损。大量掉期外汇交易的结果是，低利率国货币的现汇汇率下浮，期汇汇率上浮；高利率国货币的现汇汇率上浮，期汇汇率下浮。远期差价为期汇汇率与现汇汇率的差额，由此低利率国货币就会出现远期升水，高利率国货币则会出现远期贴水。随着抛补套利的不断进行，远期差价就会不断加大，直到两种资产所提供的收益率完全相等，这时抛补套利活动就会停止，远期差价正好等于两国利差，即利率平价成立。

因此我们可以归纳一下利率平价说的基本观点：远期差价是由两国利率差异决定的，并且高利率国货币在期汇市场上必定贴水，低利率国货币在期汇市场上必定升水。

三、期货

期货是在交易所里进行交易的标准化的远期合同，标的物可以是某种商品例如黄金、原油、农产品，也可以是金融工具，还可以是金融指标。1972 年，美国芝加哥商品交易所

（CBOT）的国际货币市场首次进行国际货币的期货交易。1975 年，芝加哥商业交易所（CME）开展房地产抵押证券的期货交易，标志着金融期货交易的开始。

目前，已经开发出的金融期货合约主要有三大类：一是利率期货；二是货币期货；三是股（票）指（数）期货。利率期货是指以债券类证券为标的物的期货合约，它可以回避银行利率波动所引起的证券价格变动的风险。按照合约标的的期限，利率期货通常可分为短期利率期货和长期利率期货两大类。货币期货，指以汇率为标的物的期货合约，又称外汇期货。它是以汇率为标的物的期货合约，用来回避汇率风险。货币期货是适应各国从事对外贸易和金融业务的需要而产生的，目的是借此规避汇率风险。股指期货是以股票指数为标的物的期货合约，双方交易的是一定期限后的股票指数价格水平，通过现金结算差价来进行交割。

期货市场本身具有两个基本的经济功能：一方面，期货交易具有规避市场风险的功能。期货交易的产生，为现货市场提供了一个回避价格风险的场所和手段，其主要原理是利用期现货两个市场进行套期保值交易。在实际的生产经营过程中，为避免商品价格的千变万化导致成本上升或利润下降，可利用期货交易进行套期保值，即在期货市场上买进或卖出与现货市场上数量相等但交易方向相反的期货合约，使期现货市场交易的损益相互抵补，从而锁定企业的生产成本或商品销售价格，保住既定利润，回避价格风险。另一方面，期货交易有助于发现公平价格。由于期货交易是公开进行的对远期交割商品的一种合约交易，在这个市场上集中了大量的市场供求信息，不同的人从不同的地点对各种信息的不同理解，通过公开竞价形式产生对远期价格的不同看法。期货交易过程实际上就是综合反映供求双方对未来某个时间供求关系变化和价格走势的预期。这种价格信息具有连续性、公开性和预期性的特点，有利于增加市场透明度，提高资源配置效率。

远期合约和期货都是指在确定的未来时间按确定的价格购买或出售某项资产的协议。两者的区别在于：第一，远期合约是非标准化的，货币、金额和期限都可灵活商定，而期货合约是标准化的；第二，远期合约一般通过金融机构或经纪商柜台交易，合约持有者面临交易对手的违约风险，而期货合约一般在交易所交易，由交易所承担违约风险；第三，远期合约的流动性较差，合约一般要持有到期，而期货合约的流动性较好，合约可以在到期前随时平仓。

四、互换

互换是一种双方商定在一段时间内彼此相互交换现金的金融互换交易。较为常见的互换主要有利率互换和货币互换。

利率互换是指双方同意在未来的一定期限内根据同种货币的同样的名义本金交换现金流，其中一方的现金流根据浮动利率计算出来，而另一方的现金流根据固定利率计算。利率互换主要有以下作用：一是规避利率波动的风险，二是交易双方利用自身在不同种类利率上的比较优势有效地降低各自的融资成本。

案例分析

　　某机构购入国债，以作为准备金，且不打算出售。但其研究部门预测市场利率在未来将上扬，国债价格将下跌，该机构可与银行做利率互换交易以规避利率风险。机构将国债的固定利息收入支付给银行，银行支付给机构浮动利息。

　　货币互换是指将一种货币的本金和固定利息与另一货币的等价本金和固定利息进行交换。货币互换的目的在于降低筹资成本及防止汇率变动风险造成的损失。利率互换是相同货币债务间的调换，而货币互换则是不同货币债务间的调换。货币互换双方互换的是货币，它们之间各自的债权债务关系并没有改变。

　　五、期权

　　期权又称为选择权，是在期货的基础上产生的一种衍生金融工具。从其本质上讲，期权实质上是在金融领域中将权利和义务分开进行定价，使得权利的受让人在规定时间内决定是否进行交易以行使其权利，而义务方必须履行。在期权交易时，购买期权的一方称为买方，而出售期权的一方则叫做卖方；买方即是权利的受让人，而卖方则是必须履行买方行使权利的义务人。期权交易的标的可以是外汇、债券、股票、贵金属、石油等。期权的种类很多，根据不同分类标准，主要有以下几种：

（1）按期权买方的权利划分，有看涨期权与看跌期权。

看涨期权是指期权的买方有权按照执行价格和规定时间从卖方手中买进一定数量的标的资产。看涨期权又称为买权、买入选择权、认购期权或买方期权等。

案例分析

某年1月1日，标的物是铜期货，它的期权执行价格为1 850美元/吨。A买入这个权利，付出5美元；B卖出这个权利，收入5美元。2月1日，铜期货价上涨至1 905美元/吨，看涨期权的价格涨至55美元。A可采取两个策略：①行使权利：A有权按1 850美元/吨的价格从B手中买入铜期货；B在A提出这个行使期权的要求后，必须予以满足，即便B手中没有铜，也只能以1 905美元/吨的市价在期货市场上买入而以1 850美元/吨的执行价卖给A。而A则可以1 905美元/吨的市价在期货市场上抛出，获利50美元/吨。B则损失50美元/吨。②售出权利：A可以55美元的价格售出看涨期权，A获利50美元/吨。

如果铜价下跌，即铜期货市价低于敲定价格1 850美元/吨，A就会放弃行使这个权利。此时A只损失5美元权利金，B则净赚5美元。

看跌期权是指期权的买方有权按照执行价格和规定时间将一定数量的标的资产卖给卖方。看跌期权又称为卖权、卖出选择权、认沽期权、卖方期权等。

（2）按期权买方执行期权的时限划分，有欧式期权与美式期权。

欧式期权是指期权买方只有在期权到期日才能执行的期权。在期权到期日前，不得要求卖方履行期权合约。

美式期权是指期权买方在期权到期日前的任何时间均可执行的期权。

美式期权与欧式期权是根据行权时间来划分的，与地理位置无关。此外，美式期权比欧式期权更为灵活，赋予买方更多的选择，而卖方则时刻面临着履约的风险。因此，美式期权的权利金相对较高。

（3）按其是否在交易所交易划分，有场内期权与场外期权。

场内期权是指在交易所内以固定的程序和方式进行的期权交易，又称上市期权。

场外期权是指不能在交易所上市交易的期权，又称零售期权。

场内期权与场外期权的区别主要表现在期权合约是否标准化。场外市场是指管制较少的市场，期权合约可以私下交易，但其交易成本要比场内高。场外期权的优点是其非标准化的合约可以弥补交易所标准化合约的不足，可以满足资产管理人的一些特殊要求，并且除交易双方外，其他人无法掌握交易的相关信息。相对于场外期权，交易所提供的二级市场为投资者提供了充分的流动性，同时所有期权合约都由结算公司进行结算。结算公司作为所有期权投资者的对手方承受交易对手方的信用风险。因此，场内期权持有者不必担心交易对手方的信用。

（4）按执行价格与标的物市价的关系划分，有实值期权、平值期权、虚值期权。

实值期权（价内期权）：期货价格高于执行价格的看涨期权以及期货价格低于执行价格的看跌期权。

平值期权（平价期权）：期货价格等于执行价格的期权。

虚值期权（价外期权）：期货价格低于执行价格的看涨期权以及期货价格高于执行价格的看跌期权。

第三节　市场风险的计量

市场风险的计量是指对市场风险水平的分析和估量，包括计量各种市场风险导致损失的可能性的大小以及损失发生的范围和程度。市场风险计量是市场风险识别的延续。准确地评估市场风险的大小对最大限度地减少损失和获取利润都十分重要。如果对市场风险估计不足，银行就不会采取相应的措施来规避风险或尽力减少风险可能造成的损失；相反，若对风险估计过高，也可能会因此而付出不必要的管理成本，且失去获取更大收益的机会。

一、基本概念

（一）名义价值、市场价值、公允价值、市值重估

1. 名义价值

名义价值是指银行持有的金融资产根据历史成本反映的账面价值。在市场风险管理过程中，由于利率、汇率等市场价格因素的频繁变动，名义价值一般不具有实质性意义。其

对风险管理的意义主要体现在：一是在金融资产的买卖实现后，衡量交易方在该笔交易中的盈亏情况；二是作为初始价格，通过模型从理论上计算金融资产的限制，为交易活动提供参考数据。

2. 市场价值

市场价值是指在评估基准日，自愿的买卖双方在知情、谨慎、非强迫的情况下，通过公平交易资产所获得的资产的预期价值。

3. 公允价值

公允价值是指交易双方在公平交易中可接受的资产或债权价值。公允价值的计量方式有以下四种：一是直接获得的市场价格；二是公认的模型估算市场价格；三是实际支付价格；四是允许使用企业特定的数据，该数据应能被合理估算，并且与市场预期不冲突。

4. 市值重估

市值重估是指对交易账户头寸重新估算其市场价值。商业银行应当对交易账户头寸按市值每日至少重估一次价值。市值重估应当由与前台相独立的中台、后台、财务会计部门或其他相关职能部门或人员负责。用于重估的定价因素应当从独立于前台的渠道获取或者经过独立的验证。前台、中台、后台、财务会计部门、市场风险管理部门等用于估值的方法和假设应当尽量保持一致，在不完全一致的情况下，应当制定并使用一定的校对、调整方法。商业银行通常采用以下两种方法进行市值重估。

（1）盯市：按照市场价格计值。按照市场价格对头寸的计值至少应逐日进行，其好处在于收盘价往往有独立的信息来源，并且很容易得到。商业银行必须尽可能按照市场价格计值。

（2）盯模：按照模型计值。当按市场价格计值存在困难时，银行可以按照数理模型确定的价值计值，就是以某一个市场变量作为计值基础，推算出或计算出交易头寸的价值。

（二）敞口头寸

敞口头寸是指由于没有及时抵补而形成的某种货币买入过多或某种货币卖出过多。敞口头寸限额一般需规定敞口头寸的金额和允许的时间，一般分为单币种敞口头寸和总敞口头寸。

（1）单币种敞口头寸是指每种货币的即期净敞口头寸、远期净敞口头寸以及调整后的期权头寸之和，反映单一货币的外汇风险。

①即期净敞口头寸。即期净敞口头寸是指计入资产负债表内的业务所形成的敞口头寸，等于表内的即期资产减去即期负债。原则上，要包括资产负债表内的所有项目，即应收、应付利息也应包括在内，但变化较小的结构性资产或负债和未到交割日的现货合约除外。

②远期净敞口头寸。远期净敞口头寸主要是指买卖远期合约而形成的敞口头寸，其数量等于买入的远期合约头寸减去卖出的远期合约头寸。远期合约包括远期外汇合约、远期期货合约以及未到交割日和已到交割日但尚未结算的现货合约，但不包括期权合约。

③期权敞口头寸。持有期权的敞口头寸等于银行因持有

期权而可能需要买入或卖出的每种外汇的总额。卖出期权的敞口头寸等于银行因卖出期权而可能需要买入或卖出的每种外汇的总额。

④其他敞口头寸，如以外币计值的担保业务和类似的承诺等，如果可能被动使用，又是不可撤销的，就应当记入外汇敞口头寸。

加总上述四项要素，便得到单一货币敞口头寸。如果某种外汇的敞口头寸为正值，则说明机构在该币种上处于多头；如果某种外汇的敞口头寸为负值，则说明机构在该币种上处于空头。

（2）总敞口头寸反映整个货币组合的外汇风险，有三种计算方法：一是累计总敞口头寸法。累计总敞口头寸等于所有外币的多头与空头的总和。这种计量方法比较保守。二是净总敞口头寸法。净总敞口头寸等于所有外币多头总额与空头总额之差。该方法主要考虑不同货币汇率波动的相关性，认为多头和空头存在对冲效应，这种计量方法较为激进。三是短边法。首先，分别加总每种外汇的多头和空头（分别称为净多头头寸之和与净空头头寸之和）；其次，比较两个总数；最后，把较大的一个总数作为银行的总敞口头寸。短边法的优点在于既考虑到多头与空头同时存在风险，又考虑到它们之间的抵补效应。

案例分析

假如一家银行的外汇敞口头寸如下：日元多头150，德国马克多头200，英镑多头250，法国法郎空头120，美元空头280。则：

累计总敞口头寸 = 150 + 200 + 250 + 120 + 280 = 1 000；

净总敞口头寸 = （150 + 200 + 250）－（120 + 280）= 200；

短边法计算净多头头寸之和为600，净空头头寸之和为400，因此短边法计算的外汇总敞口头寸为600。

（三）久期

久期也称持续期，是1938年由麦考雷提出的。它是对金融工具的利率敏感程度或利率弹性的直接衡量。其数学公式为：

$$\Delta P = - P \times D \times \frac{\Delta y}{(1 + y)}$$

式中，P 代表当前价格，ΔP 代表价格的微小变动幅度，y 代表收益率，Δy 代表收益率的变动幅度，D 为久期。该公式表示，收益率的微小变化将使价格发生反比例的变动，而且变动的幅度将取决于久期的长短，久期越长，它的变动幅度也就越大。

案例分析

假设某 10 年期债券当前的市场价格为 100 元，债券久期为 9.5 年，当前市场利率为 2%。如果市场利率提高 1.5%，则该债券的价格变化为：

$\Delta P = -100 \times 9.5 \times 0.0015 / (1 + 0.02) = -1.397$

则该债券的价格降低了 1.397 元。

用 D_A 表示总资产的加权平均久期，D_L 表示总负债的加权平均久期，V_A 表示总资产的初始值，V_L 表示总负债的初始值。当市场利率变动时，资产和负债的变化公式如下：

$$\Delta V_A = -V_A \times D_A \times \frac{\Delta y}{(1 + y)}$$

$$\Delta V_L = -V_L \times D_L \times \frac{\Delta y}{(1 + y)}$$

从上式看出，当市场利率 y 变动时，银行资产价值和负债价值的变动方向与市场利率的变动方向相反，而且银行资产与负债的久期越长，资产与负债价值变动的幅度越大，即利率风险越大。

银行可以使用久期缺口来测量其资产负债的利率风险。久期缺口是资产加权平均久期与负债加权平均久期和资产负债率乘积的差额，即：

久期缺口 = 资产加权平均久期 -（总负债/总资产）× 负债加权平均久期

当久期缺口为正值时，资产的加权平均久期大于负债的加权平均久期与资产负债率的乘积。当久期缺口为负值时，市场利率上升，银行净值将增加；市场利率下降，银行净值将减少。当缺口为零时，银行净值的市场价值不受利率风险影响。总之，久期缺口的绝对值越大，银行对利率的变化越敏感，银行的利率风险暴露量就越大，银行最终面临的利率风险越高。

（四）收益率曲线

收益率曲线是显示一组货币和信贷风险均相同，但期限不同的债券或其他金融工具收益率的图表。纵轴代表收益率，横轴则是距离到期日的时间。收益率是指个别项目的投资收益率，利率是所有投资收益的一般水平。在大多数情况下，收益率等于利率，但也往往会发生收益率与利率的背离，这就导致资本流入或流出某个领域或某个时间，从而使收益率向利率靠拢。债券收益率在时期中的走势未必均匀，这就有可能形成正向收益率、反向收益率、水平收益率以及波动收益率四种收益曲线（如图 3-1 所示）。

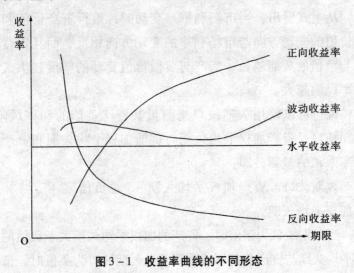

图 3-1 收益率曲线的不同形态

　　一是正向收益率曲线，它意味着在某一时点上，投资期限越长，收益率越高。这是收益率曲线最为常见的形态。二是反向收益率曲线，它表明在某一时点上，投资期限越长，收益率越低。三是水平收益率曲线，表明收益率的高低与投资期限的长短无关。四是波动收益率曲线，表明收益率投资期限的不同，呈现出波浪变动，也就意味着社会经济未来有可能出现波动。通过对金融产品交易历史数据的分析，找出其收益率与到期期限之间的数量关系，形成合理有效的收益率曲线，就可以用来分析和预测当前不同期限的收益率水平。投资者还可以根据收益率曲线不同的预期变化趋势，采取相应的投资策略。

相关知识：收益率曲线的基本作用

　　收益率曲线是分析利率走势和进行市场定价的基本工具，也是进行投资的重要依据。国债在市场上自由交易时，不同期限及其对应的不同收益率，形成了债券市场的"基准利率曲线"。市场因此而有了合理定价的基础，其他债券和各种金融资产均在这个曲线基础上，考虑风险溢价后确定适宜的价格。

　　在谈到利率时，财经评论员通常会表示利率"走上"或"走下"，好像各个利率的走动均一致。事实上，如果债券的年期不同，利率的走向便各有不同，年期长的利率与年期短的利率的走势可以分道扬镳。最重要的是收益率曲线的整体形状，以及曲线对经济或市场未来走势的启示。

　　想从收益率曲线中找出利率走势蛛丝马迹的投资者及

公司企业，均密切观察该曲线形状。收益率曲线所根据的，是你买入政府短期、中期及长期国库债券后的所得收益率。曲线让你按照持有债券直至取回本金的年期，比较各种债券的收益率。

（五）投资组合

投资组合是指由投资人或金融机构所持有的股票、债券、衍生金融产品等组成的集合。投资组合的目的在于分散风险。美国经济学家马柯维茨于1952年首次提出投资组合理论。他认为，最佳投资组合应当是具有风险厌恶特征的投资者的无差异曲线和资产的有效边界线的交点。他提出的均值—方差模型描绘出了资产组合选择的最基本、最完整的框架，是目前投资理论和实践的主流方法。现代金融领域的投资组合选择理论及其应用基本都是在马柯维茨的投资组合理论的基础上发展出来的。

投资组合理论研究"理性投资者"如何选择最优投资组合。理性投资者获得使自己的投资效用最大的最优资产组合的一般步骤是：首先，建立均值—方差模型，通过模型求解得到有效投资组合，从而得到投资组合的有效选择范围，即有效集；其次，假设存在一个可以度量投资者风险偏好的均方效用函数，并以此确定投资者的一簇无差异曲线；最后，从无差异曲线簇中寻找与有效集相切的无差异曲线，其中切点就是投资者的最优资产组合，也就是给出了最优选择策略。

二、市场风险计量方法

常用的市场风险计量方法包括利率缺口分析法、久期分析法、外汇敞口分析法和风险价值法等。

（一）利率缺口分析法

利率缺口分析是衡量利率变动对银行当期收益的影响的一种方法。具体而言，就是将银行的所有生息资产和付息负债按照重新定价的期限划分到不同的时间段（如1个月以下、1~3个月、3个月~1年、1~5年、5年以上等）。在每个时间段内，将利率敏感性资产减去利率敏感性负债，再加上表外业务头寸，就得到该时间段内的重新定价"缺口"。以该缺口乘以假定的利率变动，即得到这一利率变动对净利息收入变动的大致影响。当某一时段内的负债大于资产（包括表外业务头寸）时，就产生了负缺口，即负债敏感性缺口，此时市场利率上升会导致银行的净利息收入下降。相反，当某一时段内的资产（包括表外业务头寸）大于负债时，就产生了正缺口，即资产敏感性缺口，此时市场利率下降会导致银行的净利息收入下降。缺口分析中假定利率变动可以通过多种方式来确定，根据历史经验确定、根据银行管理层的判断确定和模拟潜在的未来利率变动等方式。

缺口分析是对利率变动进行敏感性分析的方法之一，是银行业较早采用的利率风险计量方法。因为其计算简便、清晰易懂，目前仍然被广泛使用。但是，缺口分析也存在一定的局限性。第一，缺口分析假定同一时间段内的所有头寸到期时间或重新定价的时间相同，因此忽略了同一时间段内不同头寸的到期时间或利率重新定价期限的差异。在同一时间段内的加总程度越高，对计量结果精确性的影响就越大。第二，缺口分析只考虑了由重新定价期限不同而带来的利率风险，即重新定价风险，未考虑当利率水平变化时，因各种金融产品基准利率的调整幅度不同而带来的利率风险，即基准风险。同时，缺口分析也未考虑因利率环境改变而引起的支付时间变化，即忽略了与期权有关的头寸在收入敏感性方面的差异。第三，非利息收入和费用是银行当期收益的重要来源，但大多数缺口分析未能反映利率变动对非利息收益的影响。第四，缺口分析主要衡量利率变动对银行当期收益的影响，未考虑利率变动对银行经济价值的影响，所以只能反映利率变动的短期影响。因此，缺口分析只是一种初级的、粗略的利率风险计量方法。

（二）久期分析法

久期分析也称为持续期分析或期限弹性分析，是衡量利率变动对银行经济价值影响的一种方法。具体而言，就是对各时段的缺口赋予相应的敏感性权重，得到加权缺口，然后对所有时段的加权缺口进行汇总，以此估算某一给定的小幅（通常小于1%）利率变动可能会对银行经济价值产生的影响（用经济价值变动的百分比表示）。各个时段的敏感性权重通常是由假定的利率变动乘以该时段头寸的假定平均久期来确定。一般而言，金融工具的到期日或距下一次重新定价日的时间越长，并且在到期日之前支付的金额越小，则久期的绝对值越高，表明利率变动将会对银行的经济价值产生较大的影响。久期分析法也是对利率变动进行敏感性分析的方法之一。

银行可以对以上的标准久期分析法进行演变,如可以不采用对每一时段头寸使用平均久期的做法,而是通过计算每项资产、负债和表外头寸的精确久期来计量市场利率变化所产生的影响,从而消除加总头寸/现金流量时可能产生的误差。另外,银行还可以采用有效久期分析法,即对不同的时段运用不同的权重,根据在特定的利率变化情况下,假想金融工具市场价值的实际百分比变化,来设计各时段风险权重,从而更好地反映市场利率的显著变动所导致的价格的非线性变化。

与缺口分析相比较,久期分析是一种更为先进的利率风险计量方法。缺口分析侧重于计量利率变动对银行短期收益的影响,而久期分析则能计量利率风险对银行经济价值的影响,即估算利率变动对所有头寸的未来现金流现值的潜在影响,从而能够对利率变动的长期影响进行评估,更为准确地估算利率风险对银行的影响。但是,久期分析仍然存在一定的局限性。第一,如果在计算敏感性权重时对每一时段使用平均久期,即采用标准久期分析法,久期分析仍然只能反映重新定价风险,而不能反映基准风险,以及因利率和支付时间不同而导致的头寸的实际利率敏感性差异,也不能很好地反映期权性风险。第二,对于利率的大幅变动(大于1%),由于头寸价格的变化与利率的变动无法近似为线性关系,因此,久期分析的结果就不再准确。

(三)外汇敞口分析法

外汇敞口分析是衡量汇率变动对银行当期收益的影响的

一种方法。外汇敞口分析主要来源于银行表内外业务中的货币错配。当某一时间段内，银行某一币种的多头头寸与空头头寸不一致时，所产生的差额就形成了外汇敞口。在存在外汇敞口的情况下，汇率变动可能会给银行的当期收益或经济价值带来损失，从而形成汇率风险。在进行敞口分析时，银行应当分析单一币种的外汇敞口，以及各币种敞口折成报告货币并加总扎差后形成的外汇总敞口。对单一币种的外汇敞口，银行应当分析即期外汇敞口、远期外汇敞口和即期、远期加总扎差后的外汇敞口。银行还应当对交易业务和非交易业务形成的外汇敞口加以区分。对因存在外汇敞口而产生的汇率风险，银行通常采用套期保值和限额管理等方式进行控制。外汇敞口限额包括对单一币种的外汇敞口限额和外汇总敞口限额。

外汇敞口分析是银行业较早采用的汇率风险计量方法，具有计算简便、清晰易懂的优点。但是，外汇敞口分析也存在一定的局限性，主要是忽略了各币种汇率变动的相关性，难以揭示由于各币种汇率变动的相关性所带来的汇率风险。

（四）风险价值（VaR）法

风险价值（Value at Risk）是指在一定的持有期和给定的置信水平下，利率、汇率等市场风险要素发生变化时可能对某项资金头寸、资产组合或机构造成的潜在最大损失。在数学上可以用公式表示为：

$$\text{Prob}(\Delta P > Var) = 1 - \alpha$$

其中，ΔP 为资产在持有期内的损失；VaR 为置信水平下处于 α 风险中的价值；α 为置信水平。通过定义我们可以看出，计算 VaR 的三个基本要素是：

（1）一定的置信水平的选择。置信水平的选择依赖于对 VaR 验证的需要、内部风险资本需求、监管要求以及在不同机构之间进行比较的需要。不同机构使用不同的置信水平报告其 VaR 数值，例如银行家信托公司在 99% 的置信水平下计算 VaR；J P Morgan 在 95% 的置信水平下计算 VaR。

（2）资产收益的分布情况。在计算 VaR 时，往往假定回报服从正态分布，但是金融经济学的实证研究表明，回报往往不服从标准的正态分布，而是存在尖峰、肥尾特性。不同的回报分布假设，即使在相同的置信水平假设下也对应着不同的值。因此在用参数法计算 VaR 时，有必要说明假设的资产收益分布情况。

（3）资产持有期的选择。持有期是计算 VaR 的时间范围。由于波动性与时间长度呈正相关，所以 VaR 随持有期的增加而增加。通常的持有期是一天或一个月，但某些金融机构也选取更长的持有期如一个季度或一年。在 1997 年底生效的巴塞尔银行监管委员会的资本充足率条款中，持有期为两个星期（10 个交易日）。一般来讲，金融机构使用的最短持有期是一天，但理论上可以使用小于一天的持有期。

从上述可知，VaR 是在给定的置信水平下衡量给定的投资组合在一定时间段内可能发生的最大损失。VaR 值随置信水平和持有期的增大而增大。其中，置信水平越高，意味着最大损失在持有期内超出 VaR 值的可能性越小；反之，可能性越大。例如在持续期是一天、置信水平为 99% 的情况下，某银行的 VaR 值为 2 万元，那就意味着，这个银行在一天内发生的损失大于 2 万元的可能性最多不超出 1%。风险价值通常用银行的市场风险内部定量管理模型来估算。目前常用的风险价值模型技术主要有三种：方差—协方差法、历史模拟法和蒙特卡罗模拟法。

1. 方差—协方差法

方差—协方差法又称解析法，它利用资产收益的历史数据，计算出资产标准差和相关系数，然后在一定的分布假定下，基于这些方差和协方差计算得到组合的标准差从而确定相应的 VaR。方差—协方差法主要运用于线性投资工具，在非线性投资工具方面的运用仅限于风险因素变化不大的情况。

该方法的优点：简单易行。对于不含期权的投资组合，用该方法是最好的选择。

该方法的缺点：

（1）对极端事件无能为力。因为极端事件（如股市或汇市崩盘）并不经常发生，所以历史数据并不能充分表达这类事件的信息。这也是所有使用历史数据的方法所共同具有的缺点。

（2）正态分布假设并不能很好地反映金融资产的实际收益率的分布。现实中许多金融资产的收益率都存在肥尾现象。在存在肥尾现象的情况下，以正态分布假设为基础的模型会低估实际的 VaR 值。

（3）该方法只反映了风险因子对整个组合的一阶段性影响，无法充分测定非线性工具（如期权）的风险。

2. 历史模拟法

历史模拟法是完全估值法中最为简单易行的一种，其假设投资组合未来的收益变化与过去是一致的，因而无需对资产的收益分布作任何的假定，而只需借助于计算过去一段时间内的投资组合收益的频率分布，来得到该时间段内的平均收益、在一定置信水平下的最低收益，从而推算出 VaR 值。例如，为计算某资产在 99% 置信度下的日 VaR 值，只要将该资产在过去一段时期的每日实际收益按从小到大的顺序排列，然后从最低收益起取该序列的 1 分位数即为该资产在 99% 置信度下的日 VaR 值。

该方法的优点：

（1）如果能够及时完整地收集到历史数据，运用这个方法是相当简单的。

（2）该方法计算的是投资组合的全部价值，而非价格发生微小变化的局部近似，而且此方法使用实际数据，所以可以引入非线性的因素如 γ 风险和相关性。由于它不需对定价模型和基本市场结构作特定的假设，所以它也适用于非正态分布的情况，能够很好地解决肥尾问题。

该方法的缺点：

（1）该方法假定过去能很好地代表将来，但对于极少出现的极端情况，历史数据并不能很好地反映。

（2）为了提高该方法预测的准确性，计算时通常要采用较长的样本区间，并对所有的历史数据给以相同的权重，这势必导致过多地强调了较早数据的作用，而忽视了近期数据的作用。

3. 蒙特卡罗模拟法

蒙特卡罗法主要是利用计算机随机模拟出风险因素的随机价格走势，并以此来近似地揭示该风险因素的市场特性。这个随机模拟的过程实际就是重塑投资组合价值分布的过程。它的基本思想与压力测试法是相似的，所不同的是，它不仅仅考虑了一个金融变量的大幅波动，而且还考虑了相关问题。

蒙特卡罗法通过近似地模拟风险因素的统计分布来计算潜在的收益和相应的 VaR。它要求每个风险因素对应一个其未来的可能分布，如正态分布、对数正态分布、t 分布等。然后利用历史的数据来确定这些分布的参数。利用这些分布和参数，随机产生成千上万种风险因素的未来可能值（或称为场景），在这一场景下再重新确定投资组合的价值。最后利用这些随机产生的组合收益，构造出组合的经验分布，并确定在一定置信水平下的 VaR 值。

该方法的优点：蒙特卡罗法是衡量金融风险最全面的数值分析方法。它能处理其他方法所无法处理的风险和问题，如非线性价格风险、波动性风险、肥尾分布、极端事件甚至信用风险，它都能有效地处理。

该方法的缺点：

（1）蒙特卡罗法最大的不足就是计算量太大。如果投资组合中有 1 000 种资产，对每种资产的模拟路径为 1 000 种，那么投资组合的价值就会有 100 万个。如此大的计算量是以牺牲计算结果的及时性为代价的，所以该方法不适合于需要及时提供风险量度的场合。

（2）蒙特卡罗法存在模型风险。因为它依赖于基础风险因素的随机模型及证券的定价模型。如果这类模型有缺陷，据此得到的 VaR 也必然不准确。

使用 VaR 计量市场风险的优点有：第一，VaR 模型测量风险结果简洁明了，一目了然，直观而清晰地反映了风险的量化概念，容易为管理者所理解和掌握。第二，VaR 值明确地反映了市场风险，如果定期地测定各个金融机构的 VaR 值并且公布，便可以令普通投资者了解金融机构的经营状况，增强市场的透明度，并且督促银行管理者加强与客户的沟通，增进双方的信任和投资者的信心。第三，VaR 对风险的测量是建立在数理统计与概率论的理论基础上的，计算简便，有很强的可操作性，同时又不缺乏理论上的科学性，适于银行进行内部监管和风险控制。VaR 方法也存在一定的缺陷，它对未来的损失是基于历史数据的研究和组合模型，并假设这些数据与未来相一致。但实际上，很多情况并非如此。VaR 的计算离不开特定的假设，包括数据分布的正态性，而有时这些假设是与实际不相符的。另外，VaR 对于极端情况下（金融危机、政治剧变）的市场风险的计算缺乏可靠性，此时就需要采用其他方法（如压力测试和极值分析法）对特殊情况下的 VaR 加以弥补。

目前，市场风险内部模型已成为市场风险的主要计量方法。与缺口分析、久期分析等传统的市场风险计量方法相比，市场风险内部模型的主要优点是可以将不同业务、不同类别的市场风险用一个确切的数值（VaR 值）表示出来，是一种能在不同业务和风险类别之间进行比较和汇总的市场风险计量方法，而且将隐性风险显性化之后，有利于进行风险的监测、管理和控制。同时，由于风险价值具有高度的概括性，简明易懂，也适宜董事会和高级管理层了解本机构市场风险的总体水平。但是，市场风险内部模型法也存在一定的局限性。第一，市场风险内部模型计算的风险水平高度概括，不能反映资产组合的构成及其对价格波动的敏感性，因此对具体的风险管理过程作用有限，需要辅之以敏感性分析、情景分析等非统计类方法。第二，市场风险内部模型方法未涵盖价格剧烈波动等可能会对银行造成重大损失的突发性小概率事件，因此需要采用压力测试对其进行补充。第三，大多数市场风险内部模型只能计量交易业务中的市场风险，不能计量非交易业务中的市场风险。因此，使用市场风险内部模型的机构应当充分认识其局限性，恰当理解和运用模型的计算结果。

（五）敏感性分析

敏感性分析是指在保持其他条件不变的前提下，研究单个市场风险要素（利率、汇率、股票价格和商品价格）的变化可能会对金融工具或资产组合的收益或经济价值产生的影响。例如，缺口分析和久期分析采用的都是利率敏感性分析方法。缺口分析可用于衡量银行的当期收益对利率变动的敏感性；久期分析可用于衡量银行的经济价值对利率变动的敏感性。巴塞尔银行监管委员会在 2004 年发布的《利率风险管理与监管原则》中，要求银行评估标准利率冲击对银行经济价值的影响，也是一种利率敏感性分析方法，目的是使监管当局能够根据标准利率冲击的评估结果，评价银行的内部计量系统是否能充分反映其实际利率风险水平及资本充足程度，并对不同机构所承担的利率风险进行比较。如果在标准利率冲击下，银行经济价值的下降幅度超过一级资本、二级资本之和的20%，监管机构就必须关注其资本充足状况，必要时还应要求银行降低风险水平和/或增加资本。

敏感性分析计算简单，在市场风险分析中得到广泛应用。但其也存在一定局限，主要表现在对于较复杂的金融工具或资产组合，无法计量其收益或经济价值相对于市场风险要素的非线性变化。因此，在使用敏感性分析时要注意其适用范围，必要时辅之以其他分析方法。

（六）压力测试

压力测试是指将整个金融机构或资产组合置于某一特定的（主观想象的）极端市场情况下，如假设利率骤升100个基本点、某一货币突然贬值30个百分点、股价暴跌20个百分点等异常的市场变化，然后测试该金融机构或资产组合在这些关键市场变量突变的压力下的表现状况，看是否能经受得起这种市场的突变。目前，压力测试没有一套标准的做法，它们很大程度上取决于风险管理者的经验与判断。一般来说，一个完整的压力测试过程包括如下几个步骤：①选择测试对象，包括选择市场变量、测试幅度、测试信息效用；②鉴定假设条件，包括相关性是否还存在、新的假设是什么、金融模型的实用性；③重新评估资产组合的价值，拒绝使用复杂的模型进行计量；④决定行动方案或计划。

市场风险的压力测试主要包括：市场上资产价格出现不利变动；主要货币汇率出现大的变化；利率重新定价缺口突

然加大；基准利率出现不利于银行的情况；收益率曲线出现不利于银行的移动；附带期权工具的资产负债，其期权集中行使可能为银行带来损失等。

相对于其他风险度量方法而言，使用压力测试具有一些便利之处。首先压力测试在很大程度上是一种主观测试，由测试者主观决定其测试的市场变量及其变动幅度，变量变化的幅度可以被确定为任意大小，而且测试者可以确定测试变量与其他市场变量之间的相关性。其次，在压力测试下，引起资产组合价值发生变化的风险因素也非常清楚。由于压力测试并不负责提供事件发生的可能性，因而没有必要对每一种变化确定一个概率，这样就免除了模拟整个事件概率分布的麻烦，也使得这种风险衡量方式较少涉及高深的数学和统计领域。

显然，压力测试是对 VaR 衡量方法的有力补充。正是鉴于压力测试在金融机构或资产组合在异常市场条件下风险状况的重要作用和 VaR 相应的局限性，金融监管部门在同意金融机构使用以 VaR 为基础的内部模型来衡量正常条件下的市场风险的同时，除了要求金融机构使用回归检验法检验 VaR 模型的有效性以外，还要求金融机构使用压力测试来衡量金融机构在遇到意外风险时机构的承受能力，以补充 VaR 模型的不足。

（七）情景分析

情景分析从更广阔的视野、更长远的时间范围来考察金融机构或投资组合的风险问题。这种具有战略高度的分析，无疑弥补了 VaR 和压力测试只注重短期情况分析的不足，因此，情景分析应与 VaR 和压力测试结合起来，使风险管理更加完善。情景分析与压力测试有许多相似之处，都是对未来的情况作主观上的设想，然后将金融机构或投资组合置于这一设想的环境中来考察这一机构或组合的表现。

进行情景分析的关键，首先是对情景给予合理的设定。为合理设定情景，金融机构应从两方面入手，一方面是充分认识自己的投资组合的性质与特点，了解可能会影响该组合的风险源；另一方面要了解市场和整个投资环境中可能发生的相关事件，包括战争冲突、政治选举、经济改革措施的出台、重大的公司合并等，并充分估计这些事件可能对市场进而对自己的投资组合产生的重大影响。其次是对设定情景进行深入细致的分析以及由此对事态在给定时间内可能发展的严重程度和投资组合因此而可能遭受的损失进行合理预测。这一分析和预测是整个情景分析的中心环节，不仅需要对可能影响投资组合的各个方面进行综合分析，而且还要将分析过程中得到的反馈信息重新纳入情景分析的前提条件中去，使得情景分析更加合理。最后是对情景分析报告的陈述。由于情景分析是一个主观性很强的过程，在报告中对分析的结果进行评估和作出最终结论并不是一件容易的事情，对分析的假设前提条件的明确说明是非常重要的。

（八）事后检验

事后检验是指将市场风险计量方法或模型的估算结果与实际发生的损益进行比较，以检验计量方法或模型的准确性、可靠性，并据此对计量方法或模型进行调整和改进的一种方法。若估算结果与实际结果近似，则表明该风险计量方法或模型的准确性和可靠性较高；若两者差距较大，则表明该风险计量方法或模型的准确性和可靠性较低，或者是事后检验的假设前提存在问题；介于这两种情况之间的检验结果，则暗示该风险计量方法或模型存在问题，但结论不确定。目前，事后检验作为检验市场风险计量方法或模型的一种手段还处在发展过程中。不同银行采用的事后检验方法以及对事后检验结果的解释标准均有所不同。

巴塞尔银行监管委员会 1996 年的《资本协议市场风险补充规定》要求采用内部模型计算市场风险资本的银行对模型进行事后检验，以检验并提高模型的准确性和可靠性。监管当局应根据事后检验的结果决定是否通过设定附加因子来提高市场风险的监管资本要求。附加因子设定在最低乘数因子（巴塞尔银行监管委员会规定为 3）之上，取值在 $0 \sim 1$ 之间。如果监管当局对模型的事后检验结果比较满意，模型也满足了监管当局规定的其他定量和定性标准，就可以将附加因子设为 0，否则可以设为 $0 \sim 1$ 之间的一个数，即通过增大所计算 VaR 值的乘数因子，对内部模型存在缺陷的银行提出更高的监管资本要求。

第四节　市场风险的监测与报告

市场风险的监测是指商业银行应该具有完备的市场风险监测系统，以满足董事会、高级管理层、市场风险管理部门以及财务、审计部门的管理要求。

1. 市场风险报告的内容和种类

有关市场风险状况的报告应当定期、及时地向董事会、高级管理层和其他管理人员提供。不同层次和种类的报告应当遵循规定的发送范围、程序和频率。向董事会提交的报告通常包括银行的总体市场头寸、风险水平、盈亏状况以及对市场风险限额和市场风险管理的其他政策和程序的遵守情况等内容。向高级管理层和其他管理人员提交的报告通常包括按地区、业务经营部门、资产组合、金融工具和风险类别分解后的详细信息，并具有更高的报告频率。风险管理部门应当能够应用有效的分析和报告工具，向高级管理层和交易前台提供有附加价值的风险信息，来辅助交易人员、高级管理层和风险管理人员进行决策。

市场风险报告应当包括如下内容：

（1）按业务、部门、地区和风险类别统计的市场风险头寸；

（2）对市场风险头寸和市场风险水平的结构分析；

（3）头寸的盈亏情况；

（4）市场风险识别、计量、监测和控制方法及程序变更情况；

（5）市场风险管理政策和程序的遵守情况；

（6）市场风险限额的遵守情况；

（7）事后检验和压力测试情况；

（8）内外部审计情况；

（9）市场风险经济资本配置情况；

（10）对改进市场风险管理政策、程序以及市场风险应急方案的建议；

（11）市场风险管理的其他情况。

根据国际先进银行的市场风险管理实践，市场风险报告具有多种形式和作用。例如：

（1）投资组合报告。以总结的方式，完整列示投资组合中的所有头寸。交易人员可以通过此项报告确认交易系统已经获取了投资组合中的所有头寸和相关风险，高级管理层可以清楚地掌握金融机构在每个资产类别中所持有的头寸规模，并关注那些明显的或可疑的市场变化。

（2）风险分解"热点"报告。投资组合的累积风险是其所包含的每个头寸的变化率对整个投资组合所产生的边际影响的总和，出现正数即代表"风险热点"，表明该头寸增加了投资组合的风险；出现负数即代表"风险冷点"，表明该头寸降低了投资组合的风险。

（3）最佳投资组合复制报告。通过简化的投资组合来解释复杂投资组合中主要风险的来源，有助于识别那些能够最有效地降低风险的交易，并且有助于理解复杂投资组合的动态变化。

（4）最佳风险对冲策略报告。该报告提供了商业银行需要实际购买或出售的头寸规模，以达到降低投资组合风险的目的，并同时获得采取该风险对冲策略所能够降低的风险百分比。

2. 市场风险报告的路径和频率

在正常市场条件下，商业银行的风险管理信息系统应严格保证风险管理部门、高级管理层以及其他需要风险报告的部门或个人能够及时通过内部网络获取所需的风险信息，避免因行政级别或流程的限制而延误了风险信息的及时传递。

根据国际先进银行的市场风险管理经验，市场风险报告的路径和频率通常是：

（1）在正常市场条件下，通常每周向高级管理层报告一次；在市场剧烈波动的情况下，需要进行实时报告，但主要通过信息系统直接传递。

（2）后台和前台所需的头寸报告，应当每日提供，并完好打印、存档、保管。

（3）风险价值和风险限额报告必须在每日交易结束之后尽快完成。

（4）应高级管理层或决策部门的要求，风险管理部门应当有能力随时提供各种满足特定需要的风险分析报告，以满足决策之需。

第五节　市场风险的控制

一、限额管理

商业银行实施市场风险管理，应当确保将所承担的市场风险控制在可以承受的合理范围内，使市场风险水平与其风险管理能力和资本实力相匹配，限额管理正是对市场风险进行控制的一种重要手段。银行应当根据所采用的市场风险计量方法设定市场风险限额。市场风险限额可以分配到不同的地区、业务单元和交易员，还可以按资产组合、金融工具和风险类别进行分解。银行负责市场风险管理的部门应当监测对市场风险限额的遵守情况，并及时将超限额情况报告给管理层。常用的市场风险限额包括交易限额、风险限额和止损限额等。

（1）交易限额是指对总交易头寸或净交易头寸设定的限额。总头寸限额对特定交易工具的多头头寸或空头头寸给予限制，净头寸限额对多头头寸和空头头寸相抵后的净额加以限制。在实践中，银行通常将这两种交易限额结合使用。

（2）风险限额是指对按照一定的计量方法所计量的市场风险设定的限额，如对内部模型计量的风险价值设定的限额和对期权性头寸设定的期权性头寸限额等。期权性头寸限额是指对反映期权价值的敏感性参数设定的限额，通常包括：衡量期权价值对基准资产价格变动率的 Delta、衡量 Delta 对基准资产价格变动率的 γ、衡量期权价值对市场预期的基准资产价格波动性的敏感度的 ν、衡量期权临近到期日时价值变化的 θ 以及衡量期权价值对短期利率变动率的 ρ 设定的限额。

（3）止损限额即允许的最大损失额。通常，当某项头寸的累计损失达到或接近止损限额时，就必须对该头寸进行对冲交易或将其变现。典型的止损限额具有追溯力，即止损限额适用于一日、一周或一个月内等一段时间内的累计损失。

商业银行在实施限额管理的过程中，还需要制定并实施合理的超限额监控和处理程序。负责市场风险管理的部门应当通过风险管理信息系统，监测对市场风险限额的遵守情况，并及时将超限额情况报告给相应级别的管理层。管理层应当根据限额管理的政策和程序决定是否批准提高限额。如果批准，则需要明确此超限额情况可以保持多长时间；对于未经批准的超限额情况，应当按照内部限额管理政策和程序进行严肃处理。此外，交易部门也应当及时、主动地汇报超限额情况。管理层应当根据超限额情况，决定是否对限额管理体系进行调整。

二、风险对冲

风险对冲是指通过投资或购买与标的资产收益波动负相关的某种资产或衍生产品，来冲销标的资产潜在的风险损失的一种风险管理策略。风险对冲是管理利率风险、汇率风险、股票风险和商品风险的非常有效的办法。与风险分散策略不同，风险对冲可以管理系统性风险和非系统性风险，还可以根据投资者的风险承受能力和偏好，通过对冲比率的调节将风险降低到预期水平。利用风险对冲策略管理风险的关键问题在于对冲比率的确定，这一比率直接关系到风险管理的效果和成本。

商业银行的风险对冲可以分为自我对冲和市场对冲两种情况。自我对冲是指商业银行利用资产负债表或某些具有收益负相关性质的业务组合本身所具有的对冲特性进行风险对冲。市场对冲是指对于无法通过资产负债表和相关业务调整进行自我对冲的风险（又称残余风险），通过衍生产品市场进行对冲。

风险管理实践中，商业银行可以同时利用多种金融衍生产品构造复杂的对冲机制，以更有效地降低其银行账户和交易账户中的市场风险。利用衍生产品对冲市场风险具有明显的优势，如构造方式多种多样、交易灵活便捷等，但通常无法消除全部市场风险，而且可能会产生新的风险，如交易对方的信用风险。

案例分析

假如你在 10 元价位买了一只股票，这只股票未来有可能涨到 15 元，也有可能跌到 7 元。你对于收益的期望倒不是太高，更主要的是希望如果股票下跌也不要亏掉 30% 那么多。你要怎么做才可以降低股票下跌时的风险？

一种可能的方案是：你在买入股票的同时买入这只股票的认沽期权。原本你的股票可能给你带来 50% 的收益或者 30% 的损失。当你同时买入执行价为 9 元的认沽期权以后，损益情况就发生了变化，可能的收益变成：(15 元 − 期权费)/10 元；而可能的损失则变成了：(10 元 − 9 元 + 期权费)/10 元。

潜在的收益和损失都变小了。通过买入认沽期权，你付出了一部分潜在收益，换来了对风险的规避。

三、经济资本配置

商业银行除了采用限额管理、风险对冲等控制方法之外，还可以通过配置合理的经济资本来降低市场风险敞口。

巴塞尔银行监管委员会在 1996 年的《资本协议市场风险补充规定》中，计量市场风险监管资本的公式为：

市场风险监管资本 = （附加因子 + 最低乘数因子）× VaR

其中，巴塞尔银行监管委员会规定最低乘数因子为 3，附加因子设定在 0 ~ 1 之间。VaR 的计算采用 99% 的单尾置信区间，持有期为 10 个营业日。

经济资本配置通常采取自上而下法和自下而上法，商业银行可以通过定期分析对比两种方法分解经济资本时存在的差异，对经济资本配置的合理性进行有效评估，及时发现高风险低收益的不良业务部门、交易员或产品，同时严格限制高风险业务的经济资本配置。

（1）自上而下的经济资本配置是指商业银行将经济资本分解并配置到每个交易员、次级投资组合、各项交易或业务部门，使银行的业务发展与其资本充足水平相适应。

（2）自下而上的经济资本配置是指商业银行根据各业务单位的实际风险状况计算其所占用的经济资本。考虑到风险抵减效应，累积加总所获得的资产组合层面的经济资本小于等于各业务单位经济资本的简单加总。采用自下而上法得到的各业务单位所占用的经济资本，通常被用于绩效考核。

第四章 操作风险管理

　　操作风险与信用风险、市场风险共同构成商业银行的三大风险。对于市场风险和信用风险，无论是业界还是学术界都很早就给予了足够的重视，也进行了深入的研究，到目前为止已经有了较为成熟的操作风险管理技术。而作为商业银行面临的最为古老的风险——操作风险，其风险管理的理论和实践则远远落后于市场风险管理和信用风险管理。近年来，随着金融服务的全球化，以及信息技术在金融业的应用和发展，银行业所面临的风险变得更为复杂。尤其是技术系统的更新、交易量的提高、交易工具和交易战略的日趋复杂、网络银行的发展、法律和监管体系的调整及监管要求的日趋严格等因素，都增大了金融机构面临的操作风险。自20世纪90年代以来，随着银行规模不断扩大、交易金额迅速放大、经营复杂程度不断加剧，出现了一系列震惊国际金融界的操作风险损失事件。在我国，由操作风险管理不足引发的大案要案令人触目惊心，它们对金融机构的操作风险管理提出了严峻的挑战。

第一节　操作风险概述

一、操作风险的定义

由于操作风险性质复杂、诱发因素多、覆盖范围广、与具体业务和机构组织架构密切相关等原因，许多学者、国际银行和监管机构都按照自己的理解，对操作风险进行了定义。虽然我国现阶段商业银行的经营与国际惯例有较大差别，但随着金融全球化的发展，我国商业银行不可避免地会与国际接轨。目前，越来越多的国家采用巴塞尔银行监管委员会的监管标准，巴塞尔银行监管委员会的操作风险定义基本上已成为国际上通行的定义。因此，为了避免短期效应，使我国商业银行得到长期稳定的发展，我国银监会采纳了巴塞尔银行监管委员会的定义。

巴塞尔银行监管委员会对操作风险的正式定义是：操作风险是指由于不完善或有问题的内部操作过程、人员、系统或外部事件而导致的直接或间接损失的风险。这一定义包含了法律风险，但是不包含策略性风险和声誉风险。

二、操作风险产生的原因

目前我国商业银行真正意义上的各业务部门内部控制制衡机制尚未建立，而管理部门机构控制设置繁多，但职责不清，职能不明确，容易产生控制的重复（资源的浪费）和出现管理的真空地段，同时各部门间又缺乏协调与制约，极易对同一控制点产生不同的控制标准和办法，使一线管理和操作人员无所适从。

由于内部约束不力、规章制度不够健全或执行不力所造成的操作风险，一是制度的空缺。前些年我国商业银行出现的盲目投资、办公司经商以及由此造成的巨大损失，很多都与没有明确的制度规定有关。现在存在部分商业银行的基层行违规经营，有些根本就没有规矩。二是虽有制度，但制度设计的漏洞很多。许多制度的设计多是从方便管理层工作的角度考虑，却很少从方便客户和防范风险的角度去考虑。三是有章不循。本来就不多而且存在漏洞的制度在实践中也没有得到认真执行，有的甚至是上有政策，下有对策。对近年来有关银行多次对分支行会计科目使用情况进行检查的结果作分析，会发现普遍存在科目随意使用、账户核算混乱、会计统计信息严重失真的现象。

同时，银行管理人员对内控管理认识不足，旧的观念和行为惯性一时难以扭转，认识有偏差，同时由于受传统专业银行控制的影响，部分管理人员对现代银行管理理论与方法缺乏系统的了解，对体现银行管理水平的内控系统认识不足，没有把内控这种自我调节、自我制约、自我控制的自律行为作为管理工作的重要组成部分，缺乏强化内控的自觉性和主动性。

随着金融创新业务不断增多，服务领域不断拓展，银行内部队伍素质不高已成为操作风险发生的重要原因之一。一是没有形成防范风险所要求的人员能进能出、干部能上能下的激励与约束机制；二是员工队伍受社会环境的影响，个别人经不住腐蚀诱惑，这些年发生的一系列案件足以说明这个问题；三是员工队伍的专业技术水平不高，缺乏识别和防范风险的能力，更不要说运用专业技术来分散风险；四是一些领导干部的责任心不强，管理粗放，甚至大撒手。

稽核审计部门缺乏应有的权威性、独立性、超脱性、制衡性和全面性。稽核部门是对已发生的经营行为进行监督，只是事后监督，没有渗入到经营管理的开始与过程中进行监督，且稽核手段落后，工作效率低下；内部稽核人员数量不足，素质偏低，知识结构不合理，且得不到及时培训与更新；内部审计有时流于形式，查出来的问题也不一定得到应有的处理；财务核算上事前分析、预测和监督少。监察系统对近年来银行各种案件的分析结果也表明，有章不循、检查监督不力是案件居高不下的重要原因。

近年来，电子计算机在商业银行中得到广泛应用，使金融业务实现了一次革命性的转变。但是电子计算机处理信息也存在一定的问题，而且内控部门未形成一套科学有效的内部电子监督、预警系统，仍是看报表、翻传票、查漏洞等老一套，内控效率低，局限性大，时效慢，反应不够灵敏，内控信息不系统不完整，系统支持和运作能力的复杂程度与银行业务活动量的大小和复杂性不相协调，不能容纳所从事的各类越来越复杂的银行业务。

三、操作风险的特征

（一）内生性为主

从操作风险的引发因素来看，主要因内部因素而引发，如内部程序、人员和系统的不完善或失效；银行工作人员越权或从事职业道德不允许的或风险过高的业务，因此操作风险具有很强的内生性。但是银行作为社会性企业或组织，其业务计划的完成还需要其他组织予以配合，其他组织同样也存在内部程序、人员和系统失效的可能性，因此外部因素也可能导致操作风险的发生。如提供通信线路租赁业务的电信公司技术故障而导致银行 IT 通信系统无法正常运行，因此操作风险也具有一定的外生性。

信用风险和市场风险主要是外生性风险。市场风险是指因市场价格（利率、汇率、股票价格和商品价格）的不利变动而使银行表内和表外业务发生损失的风险，如利率风险、汇率风险（包括黄金）、股票价格风险和商品价格风险，发生风险的因子主要是利率、汇率、股票价格和商品价格的变动等外部因素。信用风险是指债务人不能履行合约而给债权人造成损失的可能性，发生风险的因子主要是债务人的履约能力等外部因素，如借款企业遭受重大的资产损失而导致借款无法正常归还。

（二）涵盖全部业务

一个银行要使用人、流程和技术来实现业务计划，这些因素中的每一项都可能产生一些类型的失效，因此操作风险具有普遍性，操作风险发生的可能性遍布银行的所有业务环节，涵盖所有的部门。但是信用风险和市场风险发生的环节仅限于与之相关的部分业务环节，如发放贷款、吸收存款；主要涵盖业务发展部门和业务管理部门。一般来说，后勤保障部门基本不涉及信用风险和市场风险。因此对于操作风险的管理必须贯彻"三全"原则（全面性、全员性和全程性）。

（三）难以度量性

与市场风险和信用风险不同的是，影响操作风险的因素基本上都在银行内部，并且风险因素与发生的可能性和损失大小之间不存在清晰的联系，通常操作风险以不经常发生的离散事件等形式出现。虽然经过了近几年对操作风险测量技术的研究和历史数据的积累，但是国际银行业对操作风险的严重性（损失大小）的计量还是主要依赖于业务管理者的经验来获得，因为发生较大损失的经验和时间序列数据对于大多数银行而言都是不足的，远没有产生一些标准的模型。而市场风险和信用风险量化技术目前基本成熟，基本采用数据模型进行风险的计量，如信用风险中在国际上被广泛使用的KMV 模型和信用计量模型等；市场风险中广泛使用的缺口分析、外汇敞口分析、风险价值、敏感性分析等方法。

四、操作风险的分类

（一）基于发生频率和损失程度的分类

（1）可预计损失的风险。这是指银行在日常的营运中比较频繁地发生的失误或错误所导致的损失的风险。这些风险的严重程度一般不大，银行的经营收入足够抵补这些可预期的损失，它们通常被列入银行的营业费用之中。

（2）不可预计损失的风险。这是指银行在经营中发生了超乎寻常的失误或者错误所导致损失的风险。这些风险发生的概率比较小，但严重程度一般很高，银行当期的营业利润无法完全抵补这些不可预期的损失，它们必须依靠银行的资本来抵补。但是一般而言，这种风险虽然导致银行发生巨大损失，但是其程度还不足以使银行破产或倒闭。

（3）灾难性损失的风险。这是指银行在经营中所遭受的突如其来的内部或外部对银行的生存产生直接重大影响的风险。这种风险发生的概率极低，但是其后果非常严重，足以使银行破产或者倒闭。

目前，国际银行业对操作风险的关注焦点是不可预计损失风险和灾难性损失风险。可预计损失风险发生的频率虽然比较高，但其是银行的正常经营中无法完全避免或者消除的，并且它对银行的正常经营影响不大，银行完全有能力在当期以营业利润进行抵补，所以不需要安排资本补偿准备。而不可预计损失风险和灾难性损失风险则不同，虽然其发生的频率很低，但是由于其后果严重，需要进行严密的监控以及安排相应的资本补偿准备。

这种分类方法类似于把潜在操作风险分为高频率低冲击事件和低频率高冲击事件。前者造成损失的资料可以从银行内部审计程序当中获得。对于这种类型的操作风险，可以建立模型来对未来可预计损失分布做出比较准确的测算。而后者爆发的概率很低，单个银行对于这类事件的损失数据不足以支持模型的建立，因此不同银行之间可能需要进行数据共享。

（二）基于损失风险因素的分类

按照操作风险的损失风险因素，可以把其区分为内部操作流程的缺陷、人为因素、系统因素和外部事件四类。内部操作流程的缺陷主要是由于失败的交易、账户结算和日常的业务操作过程所产生的损失，如资料录入、未评估资产、客户争端、客户资产损失；人为因素主要是由于雇员及相关人员造成（有意的和无意的），或者由于公司与其客户、股东、第三方或者监管者之间的关系造成的损失，如歧视性交易、未授权交易、关联交易、内部诈骗、雇员过失等；系统因素主要是由于业务的分离、基础框架或者电子技术的故障造成损失，如硬件或者软件的崩溃、信息风险、程序错误、计算机病毒、通信故障等；外部事件主要是由于第三方而造成的财产损失，如自然灾害、恐怖袭击、勒索、信用卡诈骗、计算机犯罪、诉讼、伪造等。

（三）基于风险损失事件的分类

对损失事件类型的定义来自于巴塞尔银行监管委员会，损失事件类型是按照导致操作风险损失发生的事件因素来进行区分的。

（1）内部欺诈风险：机构内部人员参与的故意欺骗、盗用财产或违反规则、法律、公司政策的行为。例如内部人员故意误报头寸、内部人员偷盗、员工通过自己的账户进行内部交易，等等。

案例分析

中国银行在 2005 年 3 月 27 日公布，涉嫌挪用 600 万美元银行资金、用于赌球和挥霍的中国银行大连分行营业部员工翟昌平，已被警方抓获。翟昌平是中国银行大连分行营业部的一名普通工作人员，他利用工作之便，挪用银行资金 600 万美元左右，大部分赃款用于赌球和挥霍。犯罪嫌疑人在该行工作十几年来，两次被评为"A"级员工。严格地说，翟昌平就是一个普通的"输机"员，根本不是会计，但他利用自己岗位的便利给国家造成了如此巨大的损失，实在令人难以置信。

（2）外部欺诈风险：主要指出于第三方的故意欺诈、非法侵占财产以及规避法律而引发的损失。包括利用伪造的票据、偷盗、抢劫、敲诈、贿赂等手段造成银行损失；黑客破坏、盗用客户信息、数据操纵等计算机犯罪而引发的损失；税制、政治等方面的变动，监管和法律环境的调整等导致银行收益减少。

案例分析

2005 年 4 月 2 日，中国银行披露了被骗 6 亿多元的大案。中国银行北京分行，在给北京"森豪公寓"项目发放按揭贷款的过程中，高达 6 亿多元的巨额资金被骗贷。"森豪公寓"这个楼盘如今已经停工三年多，成了真正的烂尾楼。这起案件是中国银行北京分行在对零售按揭贷款进行内部稽核时发现的。开发商北京华运达房地产开发有限公司在申请办理"森豪公寓"按揭贷款的过程中，先后以员工名义，用虚构房屋买卖合同、提供虚假收入证明等手段套取按揭贷款及重复按揭贷款，并将按揭得到的资金转移至外地。经查，2000 年 12 月到 2002 年 6 月，北京华运达房地产开发有限公司共计从中国银行北京分行申请按揭贷款 199 笔，涉及公寓 273 套，骗取贷款近 6.5 亿元。涉案人员已经全部被拘留和逮捕。

（3）客户、产品和业务行为风险：由于产品特性或设计不合理、员工服务粗心大意、对特定客户不能提供专业服务等原因而造成的银行损失。包括产品功能不完善引发的损失，即由于强行销售产品、未对敏感问题进行披露、对客户建议不当、职业疏忽大意、不恰当的广告、不适当的交易、销售歧视等导致与客户信托关系破裂、合同关系破裂、客户关系破裂而引发的损失。这类风险在整个操作风险中占有相当大的比重。

（4）执行、交割和流程管理风险：主要指交易处理、流程管理失误以及与交易对手关系破裂而引发的损失。包括业务记账错误、错误的信息交流、叙述错误、未被批准的账户录入、未经客户允许的交易、交割失误、抵押品管理失误等原因造成的损失。

（5）业务中断和系统错误风险：主要指由于计算机硬件、软件、通信或电力中断而引发的损失。包括硬件瘫痪、软件漏洞、设备故障、程序错误、计算机病毒、互联网失灵等原因造成的损失。

案例分析

2003 年 11 月 19 日，某行总行为将在 11 月 22 日进行的全行计算机系统升级作准备，调整了系统参数表，使得该行全国范围内的数个营业网点出现系统故障，业务停办长达三个半小时，给客户和商业银行造成了损失。

（6）雇员行为和工作场所安全问题风险：由个人伤害赔偿金支付或差别及歧视事件引起的违反雇员健康或安全相关法律或协议的行为所导致的损失和由于缺乏对员工的恰当评估和考核等导致的风险。例如，工人补偿申诉、侵害雇员健康和安全条例、有组织的工会行动、歧视申诉、一般性责任。

（7）银行维系经营的实物资产的损坏风险：主要指自然灾害或其他外部事件而引起的损失。包括由于暴风、洪水、地震、电压过大、恐怖活动等原因造成的物质资产损失。

第二节　操作风险的识别

目前，对操作风险进行识别的方法较多，包括操作风险内部分析、关键风险指标法、操作风险历史风险事件信息分析、业务流程图分析等。

1. 商业银行操作风险内部分析

典型的商业银行操作风险内部分析一般通过部门员工会议的形式来完成。内部分析有时使用其他利益相关人（如客户）或者外部有关专家（如外部审计人员）提供的信息。通过有组织的会议讨论，利用管理层、员工和其他相关利益人的专业知识和经验来识别操作风险。通常，操作风险管理者只是引导银行员工讨论那些可能会影响商业银行或部门目标实现的重要的潜在操作风险因素。这种方法还可用于对商业银行操作风险的评估。

2. 关键风险指标法

为确保重大风险相关信息被传递给管理层，我国商业银行可实施关键风险指标法，衡量结果来反映操作风险水平。关键风险指标应当容易衡量并集中汇报，指标的设计应反映操作风险水平的动态变化，应尽可能获得风险的早期预警，从而使缓释行动能够防止重大操作损失或事件的发生。关键风险指标一般用于预防 A、B 级操作风险，或具有高绝对风险水平的 C 级操作风险。并不是所有的操作风险都需要建立关键风险指标。

通常选择的关键风险指标包括：协议和文件的时效、未和解条款的期限、审计风险得分、补偿失误的直接成本、外部错误和失败、IT 系统瘫痪时间、业务流失的数量和价值、员工统计跳槽率、交易量、错配的确认或失败、设置目标和触发水平等。

关键风险指标法包括以下组成部分：

（1）目标水平——以可衡量的变量（成本/收益或风险/回报）表示的特定风险容忍程度，通常不为零；

（2）阈值水平——部门负责人关注并采取行动的水平；

（3）汇报触发水平——首席营运官觉得不可接受，需要向上汇报的风险水平。

关键风险指标法的实施：当特定操作风险达到触发水平的85％时，由部门经理记录并采取行动；当特定操作风险达到触发水平的100％时，由部门经理和高级管理人员记录、采取措施。关键风险指标的分析和汇报将导致目标和触发水平的重新调整，对于任何 A、B 级操作风险均需要采取缓释行动。

3. 商业银行操作风险历史风险事件信息分析

这一识别手段的思想是用商业银行以往发生的操作风险损失事件记录信息来识别各种操作风险事件及其诱因。如果商业银行的操作风险管理者能够识别出各种操作风险的诱因，就能对它进行评估和处理。

4. 商业银行业务流程图分析

一个业务流程通常由输入、任务、责任和输出共同构成。商业银行操作风险的识别人员从业务流程出发，分析业务流程各个环节可能存在的操作风险影响因素，绘制出业务流程图，识别影响流程目标实现的各个事件，并制定有关的控制措施以有效监测和及时排查业务流程中的各个操作风险点。

第三节　操作风险的度量

巴塞尔银行监管委员会认为，操作风险是商业银行的一项重要风险，银行应对自身所面临的操作风险进行准确的计量，并将信息公开披露。《巴塞尔新资本协议》提出操作风险量化的四种方法：基本指标法、标准法、替代标准法、高级计量法（其中高级计量法又包括了几种方法）。这四种方法在复杂性和风险敏感度方面是逐渐增强的，操作风险管理水平较低的商业银行可以选择基本指标法和标准法进行计量，而高级计量法更能反映商业银行操作风险的真实状况。

一、基本指标法

基本指标法是指以单一的指标作为衡量商业银行整体操作风险的尺度，并以此为基础配置操作风险资本的方法。巴塞尔银行监管委员会认为使用基本指标法还需遵循《操作风险管理和监管的稳健做法》的指引。基本指标法建议以银行总收入代表风险指标，则银行可按照这个指标之固定比率值（即权数）前三年总收入的平均值乘上一个固定比例，提取操作风险所需资本要求。资本计算公式如下：

$$K_{BIA} = \left[\sum_{i=1}^{n} (GI_i \times \alpha) \right] / n$$

其中：

K_{BIA} 表示基本指标法下的操作风险资本要求；

α 为巴塞尔银行监管委员会所设定的比例指标（15%）；

GI 为前三年中银行各年为正的总收入；

N 表示前三年中银行总收入为正数的年数。

基本指标法对于总收入的定义是：净利息收入加上非利息收入。如果某年的总收入为负或零，在计算平均值时，就不应当在分子和分母中包含这项数据。这种计算方法旨在反映所有准备（例如未付利息的准备）的总额；但不包括银行账户上出售证券实现的利润（或损失），也不包括特殊项目以及保险收入。

基本指标法计算的资本比较简单，新协议中未对采用该方法提出具体门槛标准，但委员会鼓励采用此法的银行遵循委员会于2003年2月发布的《操作风险管理和监管的稳健做法》指引。但这种方法过于粗略，委员会希望并且建议国际性大银行能够在协议框架下采用更为复杂和高级的方法。

二、标准法

使用标准法的银行在达到《管理和监管操作风险良好做法》要求的同时，还必须达到一系列的资格标准：在风险度量和确认方面，必须建立适当的风险报告系统，按业务类型跟踪有关操作风险的数据；在风险管理和控制方面必须建立独立的风险控制、审计部门和操作风险管理、控制程序，董事会和高级管理层应积极参与风险管理；风险管理系统文件齐备等。在标准法中，银行的业务分为八个产品部门，即公司金融、交易和销售、零售银行业务、商业银行业务、支付和清算、代理服务、资产管理以及零售经纪业务。在各产品部门中，总收入是个广义的指标，代表业务经营规模，因此也大致代表各产品线的操作风险暴露。计算各产品部门资本要求的方法是，用银行的总收入乘以一个该产品部门适用的系数（用值表示）。值代表行业在特定产品部门的操作风险损失经验值与该产品部门总收入之间的关系。

在标准法中，总资本要求是各产品线监管资本的简单加总。计算公式如下：

$$K_{TSA} = \left\{ \sum_{year1-3} \max\left[\sum (GI_{1-8} \times \beta_{1-8}), 0 \right] \right\}/3$$

其中：

K_{TSA} 表示标准法计算的资本要求；

GI_{1-8} 表示八类产品线中各产品线过去三年的年均总收入；

β_{1-8} 表示由巴塞尔银行监管委员会设定的固定百分数，不同业务类别的 β 值如表 4 - 1 所示。

表 4 - 1   不同业务类别的值

产品线	系数
公司金融	18%
交易和销售	18%
零售银行业务	12%
商业银行业务	15%
支付和清算	18%
代理服务	15%
资产管理	12%
零售经纪	12%

需要注意的是，巴塞尔银行监管委员会规定银行采用标准法计算操作风险资本必须达到一定的标准。这意味着并非所有的银行均可采用标准法。原因在于，与僵硬的基本指标法相比，标准法具有一定的风险敏感度，基本反映了银行不同业务线上的不同操作风险水平，故可适当降低操作风险监管资本要求。

三、替代标准法

替代标准法是介于标准法和高级计量法之间的过渡方法。商业银行使用替代标准法应当证明使用该方法与使用标准法相比，能够降低操作风险重复计量的程度。

在具体计量中，除零售银行和商业银行业务产品线的总收入用前三年贷款余额的算术平均数与 3.5% 的乘积替代外，替代标准法的业务产品线归类原则、对应系数和监管资本计算方法与标准法完全相同。

替代标准法下的零售银行和商业银行业务产品线的操作风险监管资本计算公式分别为：

零售银行业务产品线的监管资本 = 3.5% × 前三年零售银行业务产品线贷款余额的算术平均数 × 12%

商业银行业务产品线的监管资本 = 3.5% × 前三年商业银行业务产品线贷款余额的算术平均数 × 15%

商业银行业务产品线贷款余额还应包括银行账户中证券的账面价值。

在替代标准法中，商业银行对除零售银行和商业银行外的业务产品线的监管资本，可以按照标准法计算，也可以用其他业务产品线的总收入之和与 18% 的乘积替代。

四、高级计量法

高级计量法（Advanced Measurement Approach，AMA）是指商业银行根据定量和定性标准，通过内部操作风险计量系统计算监管资本要求。

巴塞尔银行监管委员会规定商业银行采取高级计量法度量操作风险，必须满足如下定性和定量标准：

（一）定性标准

银行在采用高级计量法计算操作风险资本之前必须符合以下定性标准：

（1）银行必须具备独立的操作风险管理岗位，用于设计和实施银行的操作风险管理框架。

（2）银行必须将操作风险评估系统整合入银行的日常风险管理流程。评估结果必须成为银行操作风险轮廓监测和控制流程的有机组成部分。

（3）必须定期向业务管理层、高级管理层和董事会报告操作风险暴露和损失情况。银行必须制定流程，规定如何针对管理报告中反映的信息采取适当行动。

（4）银行的风险管理系统必须文件齐备。银行必须有日常程序确保符合操作风险管理系统内部政策、控制和流程等文件的规定，且应规定如何对不符合规定的情况进行处理。

（5）银行的操作风险管理流程和计量系统必须定期接受内部和/或外部审计师的审查。这些审查必须涵盖业务部门的活动和操作风险管理岗位情况。

（6）验证操作风险计量系统，验证的标准和程序应当符合监管机构的有关规定。

（二）定量标准

1. 稳健标准

商业银行必须表明所采用的方法已考虑到潜在较严重的

概率分布尾部损失事件。无论采用哪种方法，银行都必须表明，操作风险计量方式符合与信用风险 IRB 法相当的稳健标准（例如，相当于 IRB 法，观测期 1 年，99.9% 置信区间）。

高级计量法稳健标准赋予银行在开发操作风险计量和管理方面很大的灵活性。但银行在开发系统的过程中，必须有操作风险模型开发和模型独立验证的严格程序。

2. 具体标准

监管当局要求银行通过加总预期损失（EL）和非预期损失（UL）得出监管资本要求，除非银行表明在内部业务实践中能准确计算出预期损失。即若要只基于非预期损失得出最低监管资本，银行必须向监管当局证明自己已计算并包括了预期损失。

银行的风险计量系统必须足够分散，以将影响损失估计分布尾部形态的主要操作风险因素考虑在内。

在计算最低监管资本要求时，应将不同操作风险估计的计量结果加总。只要银行表明其系统能在估计各项操作风险损失之间相关系数方面计算准确、措施合理有效、考虑到了此类相关性估计的不确定性（尤其是在压力情形出现时），且高度可信，并符合监管当局要求，监管当局就允许银行在计算操作风险损失时，使用内部确定的相关系数。同时，银行必须验证其相关性假设。

商业银行需要在总体操作风险计量系统中拥有一个可信、透明、文件齐备且可验证的流程，以确定各基本要素的相关重要程度。该方法应在内部保持一致并避免对定性评估或风险缓释工具重复计算。

3. 内部数据要求

商业银行必须按照《巴塞尔新资本协议》的标准跟踪收集、记录内部损失数据。对内部损失事件数据的跟踪记录，是开发出可信的操作风险计量系统并使其发挥作用的前提。跟踪记录内部损失数据的重要性主要体现在：一是将内部损失数据作为风险估计实证分析的基础，二是将其作为验证银行风险计量系统输入与输出变量的手段，三是将其作为实际损失与风险管理、控制决策之间的桥梁。

银行的内部损失数据必须综合全面，涵盖所有重要的业务活动，反映所有相应的子系统和地区的风险暴露情况。除了收集总损失数额信息外，银行还应收集损失事件发生时间、总损失中收回部分等信息，以及致使损失事件发生的主要因素或起因的描述性信息。描述性信息的详细程度应与总的损失规模相称。如果操作风险损失与信用风险相关，并在过去已反映在银行的信用风险数据库中，则根据新资本协议的要求，在计算最低监管资本时应将其视为信用风险损失。因此，对此类损失不必计入操作风险资本。

4. 外部数据要求

商业银行的操作风险计量系统必须利用相关的外部数据，尤其是预期将会发生非经常性、潜在的严重损失时，商业银行必须建立标准的程序，规定在什么情况下必须使用外部数据以及使用外部数据的方法。商业银行定期对外部数据的使用条件和使用情况进行检查，修订有关文件并接受独立检查。商业银行必须对外部数据配合采用专家的情景分析，求出严重风险事件下的风险暴露。

5. 业务经营环境和内部控制因素

除了使用实际损失数据或情景分析损失数据外，商业银行在全行层面使用的风险评估方法还必须考虑到关键的业务经营环境和内部控制因素，从而使风险评估更具前瞻性，更能直接反映商业银行的风险控制和经营环境的质量，有助于商业银行按风险管理目标从事资本评估，及时发现操作风险，改善有可能恶化的信息。

操作性较强的度量银行操作风险的高级计量法有以下几种：

（1）内部衡量法

内部衡量法首先明确商业银行的各条产品线，对于不同产品线可能遭受的不同风险进行归类，然后对产品线/风险类型组合设定风险暴露指标（EI）。根据商业银行内部损失数据计算损失概率（PE）及损失程度（LGE），然后计算出产品线/风险类型组合的预期损失（EL）。其计算公式为：

$$EL = EI * PE * LGE$$

监管机构根据本国银行业损失分布，为产品线/损失类型组合确定将预期损失转换成资本要求的转换因子，利用转换因子计算出各产品线的资本要求。其计算公式为：

$$K_{TAMA} = \sum i \sum j [\gamma(i,j) * EI(i,j) * LGE(i,j)]$$

其中：

EI 为风险暴露指标；

PE 为损失概率；

LGE 为损失程度；

γ 为将 i 类业务在 j 类风险事件预期损失转化成资本配置

所要求的转换因子。

内部衡量法属于典型的由下至上计量方法。利用内部衡量法，银行可以根据内部的损失数据来计算监管资本要求。与基本指标法、标准法和替代标准法相比，内部衡量法更加真实、准确地反映了商业银行的操作风险。

（2）损失分布法

损失分布法运用 VaR 计算风险资本。VaR 可以描述金融时间序列的波动性，计算 VaR 的三个指标包括置信区间大小、持有期间长短和资产组合的分布特征。通常采用蒙特卡罗模拟方法，通过历史数据和实际情景得出利润和损失的组合，进而确定置信水平下的 VaR 值。

（3）极值法

极值法是根据损失数据肥尾的特征而设计的一种方法，对损失数据不做任何假设分布，对观测值中所有超过阈值的数据进行建模，直接处理损失分布的尾部。

（4）记分卡法

记分卡法由专家对操作风险相关因素进行打分，估计损失发生的频率和计提的风险资本。记分卡法计算操作风险的方法可以表示为：

$$K(i,j) = EI(i,j) * \omega(i,j) * RS(i,j)$$

式中，K 代表操作风险的预期损失，EI 为风险暴露。ω 为操作风险造成的损失比例，RS 为风险评分，表示某种类型的操作风险损失发生的可能性。

第四节 操作风险的监测与报告

商业银行应该制定一套程序来定期检测操作风险状况和重大风险事件。

一、风险诱因/环节

操作风险涉及的领域广泛，形成原因复杂，其诱因主要可以从内部因素和外部因素两个方面来进行识别。从内部因素来看，包括人员、流程、系统及组织结构引起的操作风险；从外部因素来看，包括经营环境变化、外部欺诈、外部突发事件和经营场所安全性所引起的操作风险。从实际来看，操作风险的形成，特别是较大操作风险的形成，往往是上述因素同时发生作用的结果。对这些因素进行监测将有助于商业银行及时发现风险。

此外，一些数量指标的变动会诱发商业银行的内在风险，这类指标包括交易量、员工水平、技能水平、客户满意度、市场变动、产品成熟度、地区数量、变动水平、产品复杂度和自动化水平等。由于这些因素常常是操作风险发生和变化的诱因，其相关指标的显著变化意味着操作风险的总体性质发生变化，因此，对这些指标进行分析和监测，往往可以预测将来的风险状况。

二、关键风险指标

关键风险指标是指用来考察商业银行风险状况的统计数

据或指标。在操作风险管理中，商业银行可选择一些指标并通过对其进行监测，从而为操作风险管理提供早期预警。关键风险指标的选择应遵循以下四个原则：

（1）相关性，即指标与关键操作风险具有明显的相关性，指标的变动能揭示风险变化情况，反映风险暴露程度。

（2）可测量性，即能够利用现有的资源对指标进行量化。

（3）风险敏感性，即资产组合的变动能够及时通过指标体现出来。

（4）实用性，即指标能够满足使用者的需要，这些使用者主要是风险管理部门的风险主管和各业务部门的操作风险管理经理。

确定关键风险指标的三个步骤为：

第一步，了解业务和流程；

第二步，确定并理解主要风险领域；

第三步，定义风险指标并按其重要程度排序，确定主要的风险指标。

为了便于决策，商业银行应该为所选定的风险指标设定门槛值，并根据其所包含的风险情况确定相应的监测频率，便于风险管理部门及时向高级管理层发出预警，促使商业银行及时对风险变动采取必要的行动。根据操作风险的识别特征，操作风险关键指标包括人员风险指标（如从业年限、人均培训费用、客户投诉占比等）、流程风险指标（交易结果和核算结果差异、前后台交易中断次数占比等）、系统风险指标（如系统故障时间、系统数量等）和外部风险指标（如反洗钱警报数占比等)。

（1）人员的从业年限。不考虑先前的工作经验，只考虑员工在当前部门的从业年限。一般员工从业年限越长，工作经验越丰富，业务出错的可能性越小。监控员工从业年限变化趋势以及预计该项工作所需要的经验，有助于分析员工流动情况，发现可能会出现高风险的部门，并对有高度人员流动历史记录的部门进行监管。

（2）员工人均培训费用。即年度员工培训费用/员工人数，其变化情况反映出商业银行在提高员工工作技能方面所作出的努力。如果商业银行总培训费用增加但人均培训费用下降，表明有部分员工没有受到应有的培训，可能会留下操作隐患。

（3）客户投诉占比。即每项产品客户投诉数量/该产品交易数量，其变化反映出商业银行正确处理包括行政事务在内的投诉的能力，同时也体现了客户对商业银行服务的满意程度。监控客户投诉可以帮助商业银行了解在服务传达到客户之前没有被发现的错误以及错误的来源。

（4）失败交易数量占比。即一段时间内的失败交易笔数/该时间内的总交易笔数，其变化可以衡量补偿客户的实际成本或者那些为交易不当而付出的成本。商业银行可以从失败交易中了解到整体层面上所有失败交易的总成本。

（5）柜员平均工作量。即一段时间内的交易笔数/柜员人数。由于商业银行业务流程依赖前台、后台处理，涉及手工作业，因此可能导致更多的错误。每个柜员的交易笔数反映出较高或较低的工作量。通过监控工作量，商业银行可以了解某一流程中的人员需求，并预期可能出现的错误概率。

（6）交易结果和财务核算结果间的差异。即某产品交易结果和财务结果之间的差异/该产品交易总次数。种类繁多的金融产品使得交易结果和财务核算结构匹配和核对困难，尤其当财务人员配备不足、前台（中台、后台）和财务部门缺少充分合作时。差异扩大意味着存在管理报表和决策基础不稳的风险。对其监控可以提高风险管理报告的质量。

（7）前后台交易不匹配占比。即前台和后台没有匹配的交易数量/所有交易数量。其说明前台的记录存在问题或者后台输入交易信息时出现问题。对其进行监控可以体现前台和后台在执行和管理交易订单时的准确程度，还可以预测由于操作而引发的损失和事件。

（8）系统故障时间。即一段时间内业务系统出现故障的总时间/该段时间承诺的正常营业时间。监控其变化可以及时发现和处理业务系统故障。

（9）系统数量。即每个业务部门与业务相关的 EXCEL 表格数量/业务系统种类。在很多情况下，由于缺乏好的系统支持，业务人员不得不借助于大量的 EXCEL 表格，后果是业务流程中出现很多手工作业，既不准确又加大了工作量，导致流程低效以及员工缺乏工作激励。对该指标进行监控可以反映出哪里问题最严重，以及哪些业务的风险趋势是下降的。

（10）反洗钱警报占比。即反洗钱系统针对洗钱发出报警的交易量/实际交易量。其是对洗钱风险的度量指标，可以及时发现外部风险行为和外部风险事件，并为商业银行制定风险控制措施应对外部风险提供依据。

适时评估关键风险指标是否处于合理水平，有助于商业银行及时发现潜在的风险隐患，并将操作风险水平保持在可控范围之内。

三、风险报告

在完成风险识别、计量、监测后，接下来就应当向管理层作风险报告。风险报告的目的在于向高级管理层揭示以下信息：银行的主要风险源及整体风险状况、风险的发展趋势、将来值得关注的地方。一般来说，各业务部门负责收集相关数据和信息，并报告至风险管理部门。风险管理部门进行分析、评估后，形成最终报告，并呈送高级管理层。当然，有些银行并不是这样做的。在这些银行，各业务单位、银行内职能部门、操作风险管理部门和内部审计部门单独向高级管理层进行汇报。但不管怎样做，它们的目的是一致的，风险报告的内容也是相同的。根据巴塞尔银行监管委员会的有关规定及银行业的实际做法，风险报告大致包括风险评估结果、损失事件、风险诱因、关键指标以及资本金水平五个部分。操作风险报告流程如图 4-1 所示。

除高级管理层外，操作风险报告还应发送给相应的各级管理层以及可能受到影响的有关单位，以提高商业银行整体的操作风险意识。需要注意的是，风险报告在完成后到报送至高级管理层及其他相关部门之前，还需要进行检查和确认，以保证报告的内容以及风险评估的流程与实际情况和相

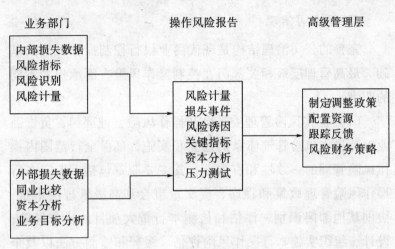

图 4 - 1　操作风险报告流程

关规定相符。为了确保风险报告的有效性和可靠性，建议结合监管机构或外部审计师撰写的风险报告来分析。

第五节　操作风险的控制

商业银行应该通过制定风险控制程序、步骤及方法和措施，并且以制度形式确保有关风险管理系统的内部政策能被遵循。公司治理、内部控制体系、合规文化和信息系统建设对农村合作金融机构控制操作风险至关重要。

一、操作风险控制环境

商业银行的风险控制环境包括公司治理、内部控制、合规文化及信息系统四项要素，对有效管理和控制操作风险至关重要。

（一）公司治理

完善的公司治理结构是现代商业银行控制操作风险的基础。最高管理层级相关部门在控制操作风险方面承担着不同的职责。

（1）操作风险管理委员会及操作风险管理部门，负责商业银行操作风险管理体系的建立和实施，确保全行范围内操作风险管理的一致性和有效性。其主要职责包括：拟定本行操作风险管理政策和程序，提交董事会和高级管理层审批；协助其他部门识别、评估和检测本行重大项目的操作风险；设计、组织实施本行操作风险评估、缓释和监测方法以及全行的操作风险报告系统；建立适用于全行的操作风险基本控制标准，并指导和协调全行范围内的操作风险管理。

（2）业务部门对操作风险的管理情况负直接责任，应指定专人负责操作风险管理。根据商业银行操作风险管理体系的要求，建立本部门持续有效的操作风险识别、评估、监测和控制程序。

（3）内部审计部门负责定期检查评估商业银行操作风险管理体系的运作情况，监督操作风险管理政策的执行情况，对新出台的操作风险管理方案进行独立评估，直接向董事会报告操作风险管理体系运行效果的评估情况。

（二）内部控制

内部控制机制是对银行内部管理活动进行衡量和纠正的一整套制度安排，其最初的目的就是为了减少和控制商业银行营私舞弊、弄虚作假、盗用公款等行为的发生。它属于操作风险管理最传统、最原始的手段。但内部控制的建立并不等于它就会有效地发挥作用。大量发生操作损失的银行在某种程度上都建立了良好的内部控制制度，但操作风险损失事件仍频频发生。隐藏在内部控制失效背后的则是内部控制要素的缺失和内部控制运行体系的紊乱。加强和完善商业银行内部控制体系已经成为我国商业银行防范操作风险的迫切需要。COSO 的《内部控制——整体框架》和《全面风险管理框架》以及巴塞尔银行监管委员会的《银行机构内部控制体系框架》是各国商业银行进行内部控制建设的框架和指引，我国银监会要求我国商业银行在加强内部控制建设方面也应当遵循有关原则和要求。

（三）合规文化

商业银行的合规文化是根据《巴塞尔新资本协议》规定的合规风险衍生出来的关于银行如何规避此类风险的管理方式的一种界定。合规文化就是为了保证商业银行的所有成员都能够自觉做到依法合规，而确立合规的理念、倡导合规的风气、加强合规的管理、营造合规的氛围，形成一种良好的软环境。培育合规文化、强化合规经营是对商业银行的必然要求。商业银行自身工作性质、经营产品以及金融服务的特殊性，决定了它的风险性大、规范性强，对合规经营、合规管理的要求比较高。

根据调查分析，违规操作、内部欺诈等行为所导致的操作风险损失事件在我国商业银行操作风险中占比超过 80%，说明我国商业银行在日常经营活动中存在严重的"有令不行、有禁不止"的违规现象。因此，培育合规文化、强化合规管理将成为我国商业银行操作风险管理的重要问题。

（四）信息系统

商业银行信息系统包括主要面向客户的业务信息系统和主要供内部管理使用的管理信息系统。先进的业务信息系统能够大幅提高商业银行的经营效率和管理水平，显著降低操作失误。操作风险管理信息系统主要用于建立损失数据库、操作风险识别、监测、计量等方面。商业银行应通过不断完善操作风险管理信息系统来提高操作风险管理水平。

二、操作风险缓释

根据商业银行管理和控制操作风险的能力，可以将操作风险划分为四大类：可规避的操作风险、可降低的操作风险、可缓释的操作风险和应承担的操作风险。可规避的操作风险指那些商业银行可以通过调整业务规模、改变市场定位、放弃某些产品等措施让其不再出现的风险；可降低的操作风险可以通过采取更为有力的内部控制措施来降低风险发生频率；可缓释的操作风险，如火灾、抢劫等，商业银行往往难以规避和降低，但可以通过制定应急和连续营业方案、购买保险、业务外包等方式将风险转移或缓释。商业银行不管尽多大努力，采取多好的措施，购买多好的保险，总会有些操作风险发生，这些是商业银行必须承担的风险，需要为其计提损失准备或分配资本金。

（一）连续营业方案

由于存在不可控制的因素，当商业银行的物业、电信或信息技术基础设施严重受损或不可用时，商业银行可能无力履行部分或全部业务职责，结果给商业银行带来重大经济损失，甚至通过诸如支付系统等渠道而造成更广的金融系统瘫痪。这种可能性的存在要求商业银行建立灾难应急恢复和业务连续方案，考虑商业银行可能遭遇的各种可能情形，方案应该与商业银行经营的规模和复杂性相适应。商业银行应该识别那些对迅速恢复服务相当重要的关键业务程序，包括依赖外包商服务，明确在中断事件中恢复服务的备用机制。商业银行还应定期检查其灾难恢复和业务连续方案，保证与其目前的经营和业务战略吻合，并对这些方案进行定期测试，确保商业银行在低概率的严重业务中断事件发生时能够执行这些方案。

持续经营计划应是一个全面的计划，强调操作风险识别、缓释、恢复以及持续计划，具体包括业务和技术风险评估、面对灾难时的风险缓释措施、常年持续性的恢复程序和计划、恰当的公司治理结构、危机和事故管理、持续经营意识培训等方面。

（二）计提操作风险准备金

将商业银行操作风险纳入到银行计提风险准备金的范围，是《巴塞尔新资本协议》的一项重要成果。这种做法有利于银行从自身角度提高操作风险管理水平，培育先进的风险管理文化，并在对风险的度量与管理中寻求风险与效益的最佳配置；从监管当局看，有利于为整个银行体系的风险配备足够的资本，发挥资本在维护银行体系稳定中的作用。中国商业银行应计提操作风险准备金，设立操作风险准备金账户，以加强商业银行的稳健营运。

（三）利用保险转嫁操作风险

保险是目前国际银行业使用最普遍的操作风险转嫁方式，不同的操作风险会有不同的保险产品与之相对应。银行可以为操作风险事件购买保险，以保险费为代价，将操作风险转嫁给保险公司。传统保险产品中的银行一揽子保险、错误与遗漏保险和经理与高级职员责任险等，已经被实践证明是比较成熟的保险产品，得到了广泛的应用。银行一揽子保险，主要承保的是银行内部盗窃和欺诈、外部欺诈、不诚实交易和其他一般责任造成的损失；错误与遗漏保险，承保的是无法为客户提供专业服务，或在提供服务过程中出现过失的风险；经理与高级职员责任险，承保的是银行经理与高级职员操纵市场、洗钱、未对敏感信息进行披露、不当利用重要信息等行为，而给银行造成潜在损失的风险。近年来，保险公司也开发了一些新的保险产品，诸如未授权交易保险。未授权交易保险主要承保未报告的交易、未授权的交易、超过限额的交易造成损失的风险。除了直接补偿操作风险导致的损失外，保险还具有促进风险管理的间接作用。保险的存在能使商业银行和保险公司合作，监控并合力降低操作风险，减少风险暴露。

在商业银行投保前，不论是商业银行自身还是保险机构都要充分评估商业银行操作风险的暴露程度、风险管理能力及财务承受能力，最终确定是由商业银行自担风险还是由保险机构承保。国内商业银行在利用保险转移操作风险方面还处在探索阶段，除了诸如火灾、固定资产损害之类的意外事故险外，国内保险公司尚未开发出更多针对商业银行操作风险的保险产品，这也制约了商业银行将保险作为操作风险的缓释工具。

（四）采用业务外包方式转移操作风险

除保险外，适当的业务外包也可以减少商业银行面临的操作风险。所谓业务外包，是指银行把一般性的业务或者服务的辅助环节交给具有较高技能和规模的第三方来进行管理和经营。对银行而言，业务外包不仅可以降低成本，减少操作风险，减少与信用风险相联系的资本要求，而且能将部分人力资源从日常风险管理中解放出来，满足增强银行核心竞争力的需要。目前中国商业银行的部分业务已经实现了外包，如商业银行将 ATM 机的技术标准和设备维护外包给设备生产厂家或专业技术服务公司，一旦因设备故障造成账款不符或未能识别出假币，一律由外包公司承担赔偿责任，排除了因技术设备问题给银行造成的操作风险损失。同时，外包使商业银行将重点放到核心业务上，从而提高营运效率，节约成本。

业务外包必须有严谨的合同或服务协议，以确保外部服务提供者和商业银行之间责任划分明确。同时，商业银行还需了解和管理与外包相关的风险，如营业中断、潜在的业务失败或外包方违约等。因此，商业银行必须对外包业务的风险进行管理。选择外包服务公司时要对其财务状况、信誉状况和双方各自的独立程度进行评估。

第五章　流动性风险管理

　　流动性风险管理是识别、计量、监测和控制流动性风险的全过程。商业银行应当坚持审慎性原则，充分识别、有效计量、持续监测和适当控制银行整体及在各产品、各业务产品线、各业务环节、各层机构中的流动性风险，确保商业银行无论在正常经营环境中还是在压力状态下，都有充足的资金应对资产的增长和到期债务的支付。

　　全球金融危机深刻警示商业银行随时面临流动性风险，特别是个别金融机构的流动性风险迅速恶化，如出现挤兑、股价暴跌、破产倒闭等情况，可能引发存款人及社会公众普遍担忧同类金融机构的经营状况及风险管理能力。如果出现流动性危机的金融机构在整体经济中占有重要地位，则将不可避免地引发系统性风险，危及本国的经济利益和金融安全。因此，不论是从商业银行内部管理还是从外部监管的角度来讲，流动性一直被我国银行业认为是至关重要的三性原则（安全性、流动性和效益性）之一。

第一节　流动性风险概述

一、流动性风险的定义

　　流动性风险是指商业银行虽然有清偿能力，但无法及时获得充足资金或无法以合理成本及时获得充足资金以应对资产增长或支付到期债务的风险。如不能有效控制流动性风险，将有可能损害商业银行的清偿能力。流动性风险可以分为融资流动性风险和市场流动性风险。融资流动性风险是指商业银行在不影响日常经营或财务状况的情况下，无法及时有效满足资金需求的风险。市场流动性风险是指由于市场深度不足或市场动荡，商业银行无法以合理的市场价格出售资产以获得资金的风险。

二、流动性风险形成的原因

商业银行流动性风险的形成既包括由于银行本身贷长借短的资产负债结构上的内生性原因，也包括许多由于外部因素所导致的原因。

（1）内生性原因。追求利润就必须承担流动性风险。商业银行是一种特殊的企业，它主要以各种存款为资金来源，以各种贷款为资金运用，靠利差来创造利润，靠负债来增加资产，"由债务生债权"。商业银行流动性风险的产生，主要来源于商业银行经营过程中资产和负债在期限搭配上的技术缺陷，把大量的短期资金来源安排了长期的资金运用，造成流动性缺口的产生。在资产负债期限搭配非对称的同时，又未安排充足的支付准备，以至于造成资金周转失灵。

（2）外生性原因。市场风险将会影响银行利用其作为自营交易的金融工具组合产生流动性的能力。这些组合市值的任何不利变化，可能使盈利性出现波动。任何一家银行如果被认为承受了过高的市场风险，资金提供者便可能要求它付出较高的利息，甚至拒绝向它提供任何融资。

市场利率波动导致投资者投资行为改变。面对众多可供选择的投资途径和投资方式，作为银行客户的投资者通常会根据市场利率的变化而适时改变自己的投资行为。通常当市场利率上升时，从负债方面来看，某些存款者会将资金从银行提出，再转投到其他报酬率更高的领域，比如购买价格因市场利率上升而下跌的有价证券；从资产方面来看，市场利率低，贷款利率也会降低，企业筹资成本下降，贷款需求上升，许多贷款客户可能会推进新的贷款需求或是加速提取那些支付低利率的信贷额度。这两个方面导致银行资产负债结构的稳定性受到影响，进而产生诱发流动性风险的可能性。当然，这种投资行为的改变究竟会在多大程度上影响银行资产负债结构的稳定，还要根据银行资产负债对利率变化的敏感度而定。

三、流动性风险的分类

按照流动性风险所造成危害程度的不同，可以将其分为以下几种情况：

（1）日常经营流动性风险，指银行的一切经营活动正常，信贷资金市场正常运转，银行本身并无严重问题发生。银行的流动性风险是由银行本身资产和负债的经营特点所决定的，是日常经营活动面临的必然问题。

（2）银行本身存在重大流动性风险隐患，例如，出现大量的坏账。1997年以来亚洲金融危机给我们的深刻教训之一就是巨额不良贷款成为银行陷入支付危机的重要原因。

（3）银行业整体出现危机，指银行业整体出现流动性缺乏或流动性流失而引发的流动性风险。

第一种情况又称为经营性流动性风险，后两种称为危机性流动性风险。危机性流动性风险是商业银行破产倒闭的直接原因，但它往往是由其他风险（信贷风险、利率风险、经营管理风险）所致，表现为一种派生风险。如果流动性风险之外的风险不累积到一定的程度，大都可以使银行在危险的境况下继续经营，甚至可能起死回生，而一旦积累到爆发点，将直接导致客户挤兑；如果又得不到外援的有力支持，银行面临的将是破产倒闭，因此其危害极大。

第二节 流动性风险识别

流动性是指银行能够随时应付客户提存，满足必要贷款需求的能力。从保证这种支付能力来说，流动性应包括两种意义：一是指资产的流动性；二是指负债的流动性。商业银行的流动性体现在资产流动性和负债流动性两个方面。

资产流动性是指商业银行持有的资产可以随时得到偿付或者在不贬值的情况下出售，即无损失情况下迅速变现的能力。变现能力越强，所付成本越低，则流动性越强。商业银行应当估算所持有的可变现资产量，把流动性资产持有量与预期的流动性需求进行比较，以确定流动性适宜度。

负债流动性是指商业银行能够以较低的成本随时获得需要的资金。筹资能力越强，筹资成本越低，则流动性越强。由于零售客户和公司/机构客户对商业银行风险的敏感度有差别，因此负债流动性应从零售和公司/机构两个角度分析：①零售客户对商业银行的信用和利率水平不是很敏感，其存款意愿取决于其金融知识和经验、商业银行的地理位置、服务质量和产品种类、存款利息等。通常，个人存款往往被看成核心存款的重要组成部分。②公司/机构对商业银行的信用和利率水平一般很敏感，通过检测商业银行发行的债券和票据在二级市场中的交易价格的变化，来评估商业银行的风险水平，并据此调整存款额度和去向。因此，公司/机构存款通常不够稳定，对商业银行的流动性影响较大。

一、资产负债期限结构

商业银行的资产负债期限结构是指在未来特定时段内，到期资产数量（现金流入）与到期负债数量（现金流出）的构成状况。最常见的资产负债的期限错配情况是，商业银行将大量短期借款（负债）用于长期贷款（资产），即"借短贷长"，因此有可能因到期支付困难而面临较高的流动性风险。例如，商业银行从个人、机构手中借入大量的短期存款和储备资金，却经常以长期贷款的形式提供给借款者，造成商业银行的资产负债与持有到期日不匹配。这种借短贷长的资产负债结构导致商业银行资产所产生的现金流入，只有在极少数情况下能够刚好弥补因支付负债所必需的现金流出，商业银行必须为此随时准备应付现金支付的需求，特别是在每周的最后几天、每月的最初几日或每年的节假日。实践操作中，除了上述特殊时段外，正常时期内的客户存款基本保持稳定，大多数持有到期日为零的活期存款反而扮演着核心存款的角色。商业银行可以根据经验形成每个营业日存款净流失额的概率分布，设法在资金的流出和流入之间寻求一个最佳的平衡点。因此，通常认为商业银行正常范围内的"借短贷长"的资产负债结构特点所引致的持有期缺口，是一种正常的、可控性强的流动性风险。

商业银行的资产负债期限结构受多种因素的影响。例如，商业银行对利率变化的敏感程度直接影响着资产负债期限结构，因为任何利率波动都会导致商业银行资产和负债的价值产生波动。外部市场因素的变化同样会影响资产负债期限结构。

在实践操作中，商业银行通常选择在真正需要资金的时候借入资金，而不是长期在总资产中保存相当规模的流动性资产。因为流动性资产回报率很低，所以借入流动性可以提高商业银行的潜在收益。此外，借入资金还有助于保持商业银行的资产规模和构成的稳定性。

二、币种结构

对于从事国际业务的商业银行而言，多币种的资产与负债结构进一步增强了流动性管理的复杂程度。例如，一旦本国或国际市场出现异常波动，外币债权方通常因为对债务方缺乏深入了解并且无法像国内客户那样能够相对容易地做出正确判断，而可能要求债务方提前偿付债务。在这种不利的市场条件下，国内商业银行如果不能迅速满足外币债务的偿付需求，将不可避免地陷入外币流动性危机，并严重影响其在国际市场上的声誉。因此，从事国际业务的商业银行必须高度重视各主要币种的资产负债的期限结构。根据巴塞尔银行监管委员会的规定，商业银行应对其经常使用的主要币种的流动性状况进行计量、监测和控制。除结合本币承诺来评价总的外汇流动性需求以及可接受的不匹配外，商业银行还应对所持有的各币种的流动性进行单独分析。对于商业银行持有的外汇总额及重要币种，应制定并定期检查一定时期内对现金流不匹配规模的限制。

商业银行可以根据日常外币储蓄、国际支付的需要，持有"一揽子"外币资产组合并获得无风险收益率。商业银行可以根据其外币债务结构，选择以百分比方式匹配外币债务组合，即将所持有的外币资产尽可能地对应其债务组合结构。例如，如果商业银行的债务主要由美元、欧元和日元组成，则其持有的外币资产也应当参照美元、欧元和日元债务的比率。商业银行如果认为某种外币是最重要的对外结算工具，也可以选择以绝对方式匹配债务组合，即完全持有该重要货币用来匹配所有外币债务，而减少其他外币的持有量。

三、分布结构

商业银行应当尽量降低其资金来源（例如存款）和使用（例如贷款）的同质性，形成合理的来源和使用分布结构，以获得稳定的、多样化的现金流量，降低流动性风险。商业银行应当根据自身情况控制各类资金来源的合理比例，并适度分散客户种类和资金到期日；在日常经营中持有足够水平的流动资金，并根据本行的业务特点持有合理的流动资产组合，作为应付紧急融资的储备；制定适当的债务组合以及与主要资金提供者建立稳健持久的关系，以维持资金来源的多样化及稳定性，避免资金来源过度集中于个别对手、产品或市场；同时制定风险集中限额制度，并监测日常遵守的情况。通常，零售性质的资金比批发性质的资金具有更高的稳定性，因为其资金来源相对来说更加分散，同质性更低。因此，以零售资金来源为主的商业银行，其流动性风险相对较低。

同理，商业银行的资金使用（例如贷款发放）同样应当注意贷款对象、时间跨度、还款周期等要素的分布结构。例如，商业银行的贷款过度集中于房地产企业，则很容易在房地产行业不景气时，造成不良贷款大量增加，无法按期回收贷款，导致商业银行盈利下降，资金来源不足，进而增加流动性风险。

虽然流动性风险通常被认为是商业银行破产的直接原因，但实质上，流动性风险是信用、市场、操作、声誉及战略风险长期积聚、恶化的综合作用的结果。如果这些与流动性相关的风险不能及时得到有效控制，最终将以流动性危机的形式爆发出来。因此，商业银行时刻面临着流动性风险，而且个别商业银行所出现的流动性风险，可能使存款人担忧同类金融机构的清偿能力。

第三节　流动性风险计量

商业银行在经营管理过程中，一方面为了实现更高收益，通常会持有期限较长、收益率较高的金融资产；另一方面由于负债的不稳定性，不得不持有足够的流动资产以满足日常经营和支付/结算的需求。因此，采用多种有效方法准确评估商业银行资产的流动性情况、负债的稳定性情况以及资产负债期限分配情况，有助于深入了解商业银行的流动性风险情况，并采取恰当的风险控制措施。

一、指标法

指标法是各国监管当局和商业银行广泛使用的流动性风险评估方法，其做法是首先确定流动性资产的种类并进行估值，然后确定合理的指标并用于评估和监控。常用的指标包括：

（1）现金资产比率通过对商业银行持有现金头寸的衡量来说明商业银行即时流动性的强弱，该指标值越高，表明商业银行在满足即时现金需求时处于有利地位。其公式为：

现金资产比率 =（现金 + 存放同业）/资产总额

（2）政府债券具有风险低、可控性较强、流动方便等特点，能够方便地满足流动性需求，是资产流动性供给的重要部分，因此该指标能从一定程度上反映商业银行的流动性供给情况。在同等条件下，该指标越高，银行资金流动性越高，满足潜在流动性需求的能力越强。其公式为：

流动性证券比率 = 政府债券/总资产

（3）同业拆借净值率的高低，不但表明商业银行流动性的强弱，而且反映商业银行临时拆借能力的高低。该比率升高，银行流动性增强。其公式为：

同业拆借净值率 =（同业拆出 − 同业拆入）/总资产

（4）热钱比率指标。其公式为：

热钱比率 = 货币市场资产/货币市场负债

其中:

货币市场资产＝现金＋短期政府债券＋同业拆出＋反向回购协议债券货币市场负债＝大额定期存单＋欧洲货币存款＋同业拆入＋回购协议证券

该指标反映银行平衡货币市场资产与负债的能力。

（5）能力比率是一个负向流动性指标，该指标反映了银行资产中流动性最小的资产占总资产的比例。能力比率越高，银行流动性越差；反之，能力比率越低，说明银行的贷款能力未充分释放。其公式为:

能力比率＝（净贷款＋租赁）/总资产

（6）短期投资对敏感性负债比率。短期投资包括在其他银行的短期存款、联邦资金售出额和持有的短期证券；敏感性负债包括10万元以上的各期存款、外国官方存款、回购协议中的售出证券、政府持有的即期票据和其他负债。这些负债都是银行资金的来源，但对利率敏感性极强，所以，很容易流失到其他银行。这一比率如果提高了，则意味着银行的流动性增强。其公式为:

短期投资对敏感性负债比率＝短期投资/敏感性负债

（7）担保证券比率。该指标越高，银行流动性越低。因为该指标越高，表明银行需要筹措现金时可转化的证券便越少。其公式为:

担保证券比率＝担保证券/所持证券总额

（8）核心存款比率和易变负债比率。商业银行存款按稳定程度分为核心存款和非核心存款。核心存款指银行存款中对利率变化不敏感、受季节变化和经济环境影响较小的那部分存款。非核心存款（易变性存款）与核心存款相对，指那些会依市场利率、经济环境和季节性因素的变化而不断提取和存入。其公式分别是：

核心存款比率＝核心存款/总存款

易变负债比率＝易变负债（敏感性负债）/总资产

核心存款比率和易变负债比率，是一对相反的指标，这两者从不同角度反映了银行的流动性能力。对于同样规模的银行来说，核心存款比率越高，说明银行的流动性能力越强；易变负债比率越高，银行运用货币市场筹措资金满足流动性的能力越高。在我国，货币市场的发展远落后于资本市场的发展，商业银行运用核心存款比率来衡量流动性远较易变负债比率有效。但随着参与股市股民的普遍化、资金量的增加，易变负债比率也越来越有用。

（9）净非核心融资依附比率主要衡量银行对专业货币市场融资的依赖程度。通常货币市场对信贷和资金的价格都十分敏感，如若发现银行的资产质量存在或潜藏问题时，资金提供者将立即从银行抽出他们的资金。因此，为了减少流动性波动，避免因过度依靠这些批发融资而产生流动性风险，银行应拓宽融资渠道，注意将贷款的期限结构错开，同时银行还必须安排应对突发事件的融资计划。其公式为：

净非核心融资依附比率＝（净非核心负债－短期投资）/长期资产

（10）存贷比率是衡量商业银行流动性风险的传统指标，该指标反映了银行流动性最低的贷款资产占用银行流动性最高的存款资金的程度。该指标值越高，表示流动性越低，流动性风险越大；反之，流动性风险越低。运用这一指标时要注意和银行的经营风格结合分析。这一衡量指标的缺陷是没有考虑存款和贷款的期限、质量和收付方式的匹配。其公式是：

存贷比率 = 贷款总额/核心存款

指标法的优点是简单实用，有助于理解商业银行当前和过去的流动性情况；缺点是其属于静态评估，无法对未来特定时段内的流动性情况进行评估和预测。

二、现金流分析法

这是另一种使用较多的流动性模型，它强调了"实际和潜在的现金流量"的概念。实际现金流量仅指那些按合同规定发生的现金流量，如即将到期的资产和即将到期的负债、尚未到期的资产产生的利息、尚未到期负债支付的利息、零售存款的季节性变动。而那些可能被展期的即将到期的资产和负债、无固定期限的零售存款、不固定的贷款承诺等就属于潜在性的现金流量。银行的大多数现金流量为潜在的现金流量。这是流动性测量中很重要的环节。

通过对商业银行短期内的现金流入和现金流出的预测和分析，可以评估商业银行短期内的流动性状况。当来源资金大于使用资金时，即出现过剩，表明该机构流动性相对充足，但此时商业银行必须考虑这种流动性的机会成本，因为剩余资金可以通过其他渠道赚取更高的收益；相反，若商业银行出现流动性赤字，则必须考虑这种赤字可能给自身营运带来的风险。根据历史经验，剩余额与总资产之比小于3%～5%时，对该机构的流动性是一个预警。实践证明，为了合理预计商业银行的流动性需求，应当将流动性"剩余"或"赤字"与融资需求在不同的时间段内进行比较，其目的是预测新贷款净增加值（新贷款额－到期贷款－贷款出售）、存款净流量（流入量－流出量），以及其他资产和负债的净流量，然后将上述流量预测值加总，再与期初的"剩余"或"赤字"相加，获得未来时段内的流动性头寸。其公式如下：

流动性期限缺口＝当期资产＋表外收入－负债总计－表外支出

其中：

当期资产＝现金＋存放中央银行款项＋存放同业款项＋拆借同业＋买入返售资产＋各项贷款＋债权投资＋其他资产

当期负债＝向中央银行借款＋同业存放款项＋同业拆入＋卖出回购款项＋各项存款＋发行债券＋其他负债

三、其他评估方法

商业银行除了采取指标法、现金流分析法外，还应逐步采用更为有效的缺口分析法和久期分析法，深入分析和评估商业银行不同时期的整体流动性情况。

（一）缺口分析法

缺口分析法是巴塞尔银行监管委员会推荐的方法，也是对流动性风险度量的一个重要方法，在各国商业银行中得到了广泛应用。缺口分析法针对特定时段，计算到期资产和到期负债之间的差额，即流动性缺口，以判断商业银行在不同时段内的流动性是否充足。需要注意：在特定时段之内，虽然没有到期，但是可以在不遭受任何损失或者是承受的损失额度很少的情况下，将那些能够出售、变现的资产，也列入到期资产。因为它的性质和作用与到期资产是一样的。

在美国，商业银行通常是将包括活期存款在内的平均存款，作为核心资金，为贷款提供融资余额。商业银行在未来特定时段内的贷款平均额和核心存款平均额的差，就构成了融资缺口。其公式如下：

融资缺口 = 贷款平均额 – 核心存款平均额

如果缺口为正，那么说明商业银行必须动用现金和流动性资产，或者是介入货币市场进行融资。所以，融资缺口从弥补的角度来看，就产生了第二个公式：

融资缺口 = 借入资金 – 流动性资产

第二个公式变形为：

借入资金 = 融资缺口 + 流动性资产

融资需求（借入资金）= 融资缺口 + 流动性资产 =（贷款平均额 – 核心存款的平均额）+ 流动性资产

商业银行的融资缺口和流动性资产持有量愈大，商业银行从货币市场上需要借入的资金也愈多，从而它的流动性风险亦愈大。融资缺口扩大可能意味着存款流失增加，贷款因客户增加而上升。例如，房地产和股市发展的过热，意味着存款流失的增加和贷款的增加，从而使得融资缺口扩大，使得银行面临相当大的流动性风险。当然，流动性风险是银行面对的风险的一个方面，更为重要的风险是，股市和楼市属于资产市场，如果资产市场被过度炒作的话，会形成泡沫，一旦泡沫破裂，商业银行就会面临非常大的市场风险。

商业银行可以通过出售所持有的流动性资产或转向资金

市场借入资金来缓解流动性压力。但随着借入资金的频率和规模不断增加，资金市场的债权方将愈加关注该商业银行的信用质量和风险水平，其结果可能导致该商业银行借入资金的成本显著上升，可获得的融资额度明显下降，所发行的各类有价证券迅速贬值。如果市场状况持续恶化，最终将引起商业银行的流动性危机，直至破产清算。如果这种流动性危机无法迅速得到有效控制反而进一步恶化，将引起连锁反应而形成系统性风险，危及整个经济安全。

通常，采取积极缺口管理策略的商业银行，其缺口分析的时间序列相对短暂，特别是借助于现代化管理信息系统，大多数商业银行重视的是四五周之后的流动性缺口分析，国际先进银行分析和管理的精细化程度更可以提高到每一天。

（二）久期分析法

由于利率的变化直接影响商业银行的资产和负债价值，造成流动性状况发生变化，因此久期分析经常被用来评估利率变化对商业银行流动性状况的影响。其计算公式如下：

久期缺口＝资产加权平均久期－（总负债/总资产）×负债加权平均久期

案例分析

假设商业银行以市场价值表示的简化资产负债表中，总资产为 1 000 亿元，总负债为 800 亿元，资产加权平均久期为 6 年，负债加权平均久期为 4 年，则：

久期缺口 ＝ 6 － 4 × 800/1 000 ＝ 2.8

市场风险管理中的久期缺口同样可以用来评估利率变化对商业银行某个时期的流动性状况的影响：当久期缺口为正值时，如果市场利率下降，则资产价值的增加幅度比负债价值增加的幅度大，流动性随之增强；如果市场利率上升，则资产价值减少的幅度比负债价值减少的幅度大，流动性随之减弱。当久期缺口为负值时，如果市场利率下降，流动性随之减弱；如果市场利率上升，流动性随之增强。当久期缺口为零时，利率变动对商业银行的流动性没有影响，不过这种情况极少发生。总之，久期缺口的绝对值越大，利率变动对商业银行的资产和负债价值的影响越大，对其流动性的影响也越显著。

（三）资金结构法

（1）负债的流动性需求。首先将资金来源按当期被提取的可能性分为三类：一是热钱负债，即对利率非常敏感，会在当期被提取的负债；二是敏感资金，即当期有很大一部分可能被提走的负债；三是稳定资金即核心资金，是指当期被提走的可能性很小的资金。其次对三种不同负债提取不同的流动储备比例，如热钱提取90%、敏感资金提取30%、稳定资金提取15%。最后计算负债流动性需求额。其公式是：

负债的流动性需求 =（热钱负债 - 存款准备金）×90% +（敏感资金 - 存款准备金）×30% +（稳定资金 - 存款准备金）×15%

（2）资产的流动性需求。银行必须随时准备发放优良贷款，以满足客户正当的贷款需求。这就要求银行必须尽量计算出总贷款的最大可能性，并保持100%的流动准备金以弥补实际贷款余额与总贷款最大潜力值之间的缺口。其公式为：

资产的流动性需求＝100% ×（潜在对外贷款额－实际对外贷款余额）

（3）由上面两个方面我们得到总的流动性需求公式：

银行总流动性需求＝负债的流动性需求＋资产的流动性需求

第四节　流动性风险监测与控制

现代商业银行普遍采用概率和统计的分析方法，监测和控制流动性风险，并且结合压力测试和情景分析等多种方法，对未来特定时段的流动性可能出现的变化进行更加深入、准确的分析和判断，以最大限度地降低流动性风险的损失。

一、流动性风险预警

流动性风险在发生之前，通常会表现为各种内、外部指标/信号的明显变化。

（1）内部指标/信号主要包括商业银行内部的有关风险水平、盈利能力和资产质量，及其他可能对流动性产生中长期影响的指标变化。比如，资产或者负债过于集中、资产质量下降、盈利水平下降等。

（2）外部指标/信号主要包括第三方评级、所发行的有价证券的市场表现等指标变化。例如，市场上出现关于商业银行的负面传言、外部评级下降、所发行股票价格下跌、客户大量求证不利于该商业银行的传言等。

（3）融资指标/信号主要包括银行的负债稳定性和融资能力的变化。负债的稳定性，主要是存款的稳定性。存款大量流失或者"存款搬家"很容易导致流动性减弱。

及时、有效地监测上述预警指标/信号，有利于商业银行及时纠正错误，并适时采取正确的风险控制方法。

二、压力测试

商业银行流动性管理应通过压力测试分析银行承受压力事件的能力，考虑并预防未来可能的流动性危机，以提高在流动性压力情况下履行其支付义务的能力。商业银行实施压力测试的频率应与其规模、风险水平及在市场上的影响相适应，但至少每季度应进行一次常规压力测试。在出现市场剧烈波动等情况或在银监会要求下，应针对特定压力情景进行临时性、专门性压力测试。商业银行压力测试应在并表基础上分币种实施，并应针对流动性转移受限等特殊情况对有关地区分行或子行单独实施压力测试。

商业银行应针对单个机构和整个市场设定不同的压力情景。商业银行可结合本身业务特点、复杂程度，针对流动性风险集中的产品、业务和机构设定压力情景。压力情景的假设条件主要包括：流动性资产价值的侵蚀；零售存款的大量流失；批发性融资来源的可获得性下降；融资期限缩短和融资成本提高；交易对手要求追加保证金或担保；交易对手的可交易额减少或总交易对手减少；主要交易对手违约或破产；表外业务、复杂产品和交易、超出合约义务的隐性支持对流动性的损耗；信用评级下调或声誉风险上升；母行或子行、分行出现流动性危机的影响；多个市场突然出现流动性枯竭；外汇可兑换性以及进入外汇市场融资的限制；中央银行融资渠道的变化；银行支付结算系统突然崩溃。

商业银行压力测试应遵循审慎原则，充分考虑各类风险与流动性风险的内在关联性，深入分析假设情景对其他流动性风险要素的影响及其作用。商业银行压力测试应充分反映融资流动性风险与市场流动性风险的高度相关性。必要时，商业银行应针对相关假设情景发生后各风险要素的相互作用实施多轮压力测试。商业银行压力测试应基于专业判断，并在可能情况下，对以往影响银行或市场的类似流动性危机情景进行回溯分析。所有压力测试情景、条件假设、结果和回溯分析应有书面记录，对于选择情景、条件假设的基本原则及理由应有详细说明，并报董事会或经其授权机构审核确认，确保董事会或经其授权机构对压力测试的局限性有充分的了解。

压力测试结果应广泛应用于董事会、高级管理层的各类决策过程，主要包括风险承受能力、风险限额、战略发展计划、资本计划和流动性计划的制订。商业银行应根据压力测试结果及时调整资产负债结构，持有充足的高质量流动性资产以缓冲流动性风险，建立有效的应急计划。

商业银行应明确设立自身事件引发流动性危机情况下抵御危机的最短生存期，最短不低于一个月，并采取有效措施维持该最短时间内融资能力，确保在不同压力情况下最短生存期内现金净流量为正值。

三、情景分析

对商业银行可能出现的各种情景进行保守的估计，有助于减少流动性缺口分析偏差。通常，商业银行的流动性需求分析可分为三种情景，在每种情境下，商业银行应尽可能考虑到任何可能出现的有利或不利的重大流动性变化。

（1）正常状况是指商业银行在日常经营过程中，与资产负债相关的现金流量的正常变动。分析商业银行正常状况下的现金流量变化，有助于强化商业银行存款管理并充分利用其他债务市场，以避免在某一时刻面临过高的资金需求，也因此降低了市场冲击或对其经营状况的疑虑等临时性问题对负债规模和期限的影响。

（2）自身问题造成的流动性危机。实际上，绝大多数严重的流动性危机都源于商业银行自身管理或技术上（公司治理或者内控体系）存在一些致命的薄弱环节。例如，由于内部控制方面的漏洞，很多金融机构在衍生产品交易中遭受巨额损失，而且短期内难以筹措足够的资金平仓，出现了严重的流动性危机，甚至破产倒闭。因此，有必要对商业银行自身问题所造成的流动性危机做好充分准备。

（3）某种形式的整体市场危机，即在一个或多个市场，所有商业银行的流动性都受到不同程度的影响。在这种情况下最重要的假设：市场对风险的信用评级特别重视，商业银行之间以及各类金融机构之间的融资能力的差距会有所扩大。在市场形势发生恶化，市场流动性普遍收紧的情况下，一些风险信用等级比较高的、声誉比较强的商业银行，可能从中受益；而另一些差一点的商业银行，可能就会受损。不确定性是不可避免的，这时商业银行应该采取一种审慎的态度，在分析现金流入时，应该采取一个较晚的日期；而在分析现金流出的时候，采用较早的日期。

整体市场危机和自身的危机可能出现的情景存在很大区别：商业银行自身出现危机的时候，它的资产变现能力会下降。而如果在自身出现危机的同时，市场普遍收紧，市场总体出现危机，这时它自身的变现能力会下降得更快。但是在市场发生一些恶性或不良变动的时候，不同的银行或金融机构所遭受的风险是不一样的。享有极高声誉和风险控制能力强的银行会从中受益，因此，商业银行应该尽量提高自身声誉。

四、内部控制

商业银行应制定适当的内部控制制度以确保流动性风险管理程序的完整和有效。有效的流动性风险管理内部控制体系应至少包括以下内容：良好的内部控制环境；充分的程序以识别、计量、监测和评估流动性风险；完善的信息管理系统；根据业务发展和市场变化适时更新有关政策和程序。

商业银行应针对流动性风险管理建立明确的内部评价考核机制，将各分支机构或主要业务产品线形成的流动性风险与其收益挂钩，从而有效地防范因过度追求短期内业务扩张和会计利润而放松对流动性风险的控制。条件成熟的银行可将流动性风险纳入内部转移定价机制。

商业银行在引入新产品、新技术手段，建立新机构、新业务部门前，应在可行性研究中充分评估其对流动性风险产生的影响，并制定相应的风险管理措施，完善内部控制和信息管理系统。引入并运行后，应加强日常监测，定期评估相应措施的有效性，并根据需要及时进行调整。

商业银行应将流动性风险管理纳入内部审计的范畴，定期审查和评价流动性风险管理体系的充分性和有效性。内部审计应涵盖流动性风险管理的所有环节，主要包括以下内容：相关的管理体系、内部控制制度和实施程序是否足以识别、计量、监测和控制流动性风险；有关流动性风险管理的信息系统是否完善；有关流动性风险控制的风险限额是否适当；进行现金流量分析和压力测试的基本假设是否适当；有关流动性风险管理的信息报告是否准确、及时、有效；是否严格执行既定的流动性风险管理政策和程序。内审人员应具有独立性，并掌握必要的专业知识和技能以确保对流动性风险管理体系实施独立、充分、有效的审计。内部审计结果应直接报告董事会，并根据有关规定及时报告监管部门。董事会应根据内部审计的结果，及时调整和完善有关流动性风险管理的政策和程序，并督促高级管理层针对内部审计发现的问题采取及时有效的整改措施。内部审计部门应适时对整改措施的实施情况进行后续审计，并及时向董事会提交审计报告。

五、应急计划

商业银行应根据本行业务规模、复杂程度、风险水平和组织框架等制订应急计划，并根据经营和现金流量管理情况设定并监控银行内外部流动性预警指标以分析银行所面临的潜在流动性风险。

商业银行应按照正常市场条件和压力条件分别制订流动性应急计划，应涵盖银行流动性发生临时性和长期性危机的情况，并预设触发条件及实施程序。应急计划至少应包括一种银行本身评级降至"非投资级别"的极端情况。应急计划应说明在这种情形下银行如何优化融资渠道和出售资产以减少融资需求。设定的情形主要包括：流动性临时中断，如突然发生运作故障、电子支付系统出现问题或者物理上的紧急情况使银行产生短期融资需求；流动性长期变化，如因银行评级调整而产生的流动性问题；当母行出现流动性危机时，防止流动性风险传递的应对措施；市场大幅震荡，流动性枯竭，交易对手减少或交易对手可融资金额大幅减少、融资成本快速上升。

商业银行应急计划应包括资产方流动性管理策略和负债方流动性管理策略。

（1）资产方流动性管理策略主要包括：变现多余货币市场资产；出售原定持有到期的证券；出售长期资产、固定资产或某些业务产品线（机构）；在相关贷款文件中加入专门条款以便提前收回或出售、转让流动性较低的资产。

（2）负债方融资管理策略主要包括：将本行与集团内关联企业融资策略合并考虑；建立融资总体定价策略；制定利用非传统融资渠道的策略；制定零售和批发客户提前支取和解约政策；使用中央银行信贷便利政策。

　　银行间同业拆借市场是商业银行获取短期资金的重要渠道。商业银行应根据经验评估融资能力，关注自身的信用评级状况，定期测试自身在市场借取资金的能力，并将每日及每周的融资需求限制在该能力范围以内，防范交易对手因违约或违反重大的不利条款要求提前偿还借款的风险。

　　商业银行应急计划应区分集团层次和附属机构层次，并可根据需要针对主要币种和全球主要区域制订专门的应急计划。如果某些国家或地区法律法规有限制，使得银行集中实施流动性管理不可操作，则在上述国家或地区的分支机构应制订专门的应急计划。商业银行高级管理层应定期向董事会报告流动性风险情况和应急计划。必要情况下，应由董事会成员领导并负责应急计划的制订和实施。商业银行应根据风险管理需要，及时对应急计划进行评估和修订，评估修订工作至少每年进行一次。商业银行应不定期对应急计划进行演习，以确保各项计划措施在紧急情况下能够顺利实施。

第六章　其他风险管理

商业银行除了存在信用风险、市场风险、操作风险和流动性风险等主要风险之外，还存在声誉风险、战略风险、国家风险和法律风险等其他风险。本章主要介绍声誉风险和战略风险两个与商业银行有直接关系的风险。声誉风险和战略风险管理所涉及的内容十分广泛，对我国商业银行来说尚属于全新的风险管理范畴。

第一节　声誉风险管理

声誉风险是指由商业银行经营、管理及其他行为或外部事件导致利益相关方对商业银行负面评价的风险，是商业银行全面风险管理的必要组成部分。将声誉风险纳入商业银行全面风险管理框架，是商业银行适应新时期市场变化的需要，是督促商业银行倾听金融服务消费者呼声、提供更好金融服务的需要，更是银监会加强审慎有效监管的重要组成部分。良好的声誉是一家银行多年发展积累的重要资源，是银行的生存之本，是维护良好的投资者关系、客户关系以及信贷关系等诸多重要关系的保证。良好的声誉风险管理对增强竞争优势、提升商业银行的盈利能力和实现长期战略目标起着不可忽视的作用。

国际监管机构对声誉风险的认识经历了逐步深入的过程。1997 年《巴塞尔新资本协议》将声誉风险作为市场约束的组成部分，2009 年 1 月，巴塞尔银行监管委员会新资本协议征求意见稿中明确将声誉风险列入第二支柱，指出银行应将声誉风险纳入其风险管理流程中，并在内部资本充足评估和流动性应急预案中适当涵盖声誉风险。美国金融监管部门将声誉作为风险监管的重要组成部分，要求监管人员有效评估银行声誉状况，并指出声誉风险是监管者在风险评估中必须考虑的基本指标。英国、加拿大金融监管部门以及我国香港特别行政区的香港金管局也要求金融机构将声誉风险管理作为有效风险管理架构的重要组成部分。

一、声誉风险管理的内容

商业银行一旦被发现其金融产品或服务存在严重缺陷，或内控缺失导致违规案件层出不穷，或缺乏经营特色和社会责任感，那么即便花费大量时间和金钱用于事后危机处理，也难以弥补对商业银行声誉的实质性损害。在激烈竞争的市场条件下，这些损害有可能是长期的，甚至是致命的。商业银行只有从整体层面认真规划声誉风险管理，制定明确的营运规范、行为方式和道德标准，才能有效降低风险。

有效的声誉风险管理体系应重点突出以下内容：明确商业银行的战略愿景和价值理念；有明确记载的声誉风险管理政策和流程；深入理解不同利益相关者对自身的期望值；培养开放、互信、互助的机构文化；建立强大的、动态的风险管理系统；建立学习型组织，出现问题及时纠正；建立公平的奖惩机制，支持发展目标和股东价值的实现；利用自身的价值理念、道德规划影响合作伙伴、供应商和客户；建立公开、诚恳的内外部交流机制，尽量满足不同利益相关者的要求；有明确记载的危机处理/决策流程。

建立良好的声誉风险管理体系，有利于维持客户的信任度和忠诚度，创造有利的资金使用环境，增进和投资者的关系，强化自身的可信度和利益相关者的信心，吸引高质量客户，增强自身竞争力，最大限度地减少诉讼威胁和外界监管要求。

二、声誉风险管理的基本做法

商业银行应将声誉风险管理纳入公司治理及全面风险管理体系，建立和制定声誉风险管理机制、办法、相关制度和要求，主动、有效地防范声誉风险和应对声誉事件，最大限度地减少对社会公众造成的损失和负面影响。

（一）明确董事会的职责

商业银行董事会应制定与本行战略目标一致且适用于全行的声誉风险管理政策，建立全行声誉风险管理体系，监控全行声誉风险管理的总体状况和有效性，承担声誉风险管理的最终责任。其主要职责包括：

（1）审批及检查高级管理层有关声誉风险管理的职责、权限和报告路径，确保其采取必要措施，持续、有效监测、控制和报告声誉风险，及时应对声誉事件。

（2）授权专门部门或团队负责全行声誉风险管理，配备与本行业务性质、规模和复杂程度相适应的声誉风险管理资源。

（3）明确本行各部门在声誉风险管理中的职责，确保其执行声誉风险管理制度和措施。

（4）确保本行制订相应培训计划，使全行员工接受相关领域知识培训，知悉声誉风险管理的重要性，主动维护银行的良好声誉。

（5）培育全行声誉风险管理文化，树立员工声誉风险意识。

（二）建立声誉风险管理流程

声誉风险产生的原因非常复杂，有可能是商业银行内、外部风险因素综合作用的结果，也可能是非常简单的风险因素就触发了严重的声誉风险。如果商业银行不能恰当地处理这些风险因素，就可能引发外界的不利反应。商业银行一旦被发现其金融产品或服务存在严重缺陷、内控不力导致违规案件层出不穷等，则即便花费大量的时间和精力用于事后的危机管理，也难于弥补对银行声誉造成的实质性损害。一家操作风险事件频发的银行，会给公众一种内部管理混乱、管理层素质低、缺乏诚信和责任感的不良印象，致使公众特别是客户对银行的信任程度降低，银行的工作职位对优秀人才失去吸引力，原有的人才大量流失，股东们因对银行发展前景失去信心，对长期持有银行股票产生怀疑，进而在资本市场上大量抛售股票造成股价下跌，银行市值缩水，最终导致监管当局的严厉监管等。

1. 声誉风险事件的识别

声誉风险可能产生于商业银行经营管理的任何环节，与信用、市场、操作和流动性风险等交叉存在、相互作用。例如，内部负债或违法行为可能同时造成操作风险、法律风险和声誉风险损失。识别声誉风险的关键在于判断其他类型风险是否会演变为声誉风险，以及重大利益关联方的声誉风险事件是否会波及本行。重点关注以下声誉风险驱动因素：

（1）业务、产品运行中可能引发声誉风险的因素。

（2）内部组织机构和人事变化、政策制度变化、财务指标变动、系统调整等可能存在的声誉风险因素。

（3）新闻媒体报道、网络舆情变化、内外部审计报告和监管部门合规检查报告等暴露出来的声誉风险因素。

2. 声誉风险事件的评估

商业银行声誉风险管理岗位专职或兼职人员对识别出的声誉风险事件进行评估，遵循"从高从严"的原则，按照性质、严重程度、可控性、影响范围和紧急程度，将声誉风险事件划分为三级：

（1）Ⅰ级（特别重大声誉风险事件），即给商业银行声誉带来或可能带来重大损害的声誉风险事件，对商业银行经营战略、发展方向、经济利益、运行安全、竞争优势和高管人员产生严重影响，引发市场猜测，并给商业银行带来损失。

（2）Ⅱ级（重大声誉风险事件），即对商业银行经营管理、业务发展、形象信誉产生较大影响的声誉风险事件。

（3）Ⅲ级（一般声誉风险事件），即对商业银行日常业务产生一定影响的声誉风险事件。

3. 声誉风险的监测和报告

商业银行声誉风险管理岗位工作人员应每日监测互联

网、广播、报刊等各类媒体的报道动态，在各类媒体中尽可能多地搜集关于银行业、本行及重要业务开展的信息情况，并对信息进行分类整理，分析和研究其中可能出现的新闻危机苗头，特别要注意行业的政策变化和本行的经营活动变化可能会给哪些人带来利益损失。同时，声誉风险管理部门应当仔细分析和监测所搜集到的意见/评论，通过有效的报告和反应系统，及时将利益相关者对商业银行正面和负面的评价或行动、所有的沟通记录和结果，以及商业银行所应当采取的应对措施，经过适当整理后，及时汇报给董事会和高级管理层，由最高管理层制定最终的应对方案。

4. 声誉风险事件的处置

前移声誉风险事件处理的关口，重点做好危机防范。增强新闻信息的敏感性，及时发现危机苗头，果断有效地进行处置。督促协调有关部门纠正管理和服务上的漏洞和不足，从源头上防范危机的产生和蔓延。解决声誉风险事件的做法主要包括：

（1）识别声誉风险事件的先兆，通过监测预警体系的有效运行，为处置事件赢得时间。

（2）掌控声誉风险事件的发展态势，正确判断事件的发展方向。

（3）制定声誉风险事件处置方案，设定清晰准确的目标、总体策略和时间表。

（4）迅速有效地执行声誉风险事件处置方案，严格统一对外口径和发布渠道，选择适当的形式披露有利于缓释风险的信息。

（5）及时对声誉风险事件处置进行总结和后评估。

（三）声誉风险管理办法

目前，国内外还未开发出有效的声誉风险管理量化技术，但普遍认为有助于改善商业银行声誉风险管理的最佳操作实践是：①推行全面风险管理理念，改善公司治理，并预先做好防范危机的准备；②确保各类主要风险被正确识别、优先排序，并得到有效管理。

声誉风险管理的具体做法有：

（1）强化声誉风险管理培训。高度重视对员工守则和利益冲突政策的培训，确保所有员工都能贯彻、理解商业银行的价值理念和风险管理政策，恪守内部流程，将声誉风险管理渗透到商业银行的每一环节。

（2）确保实现承诺。无论对利益相关者作出何种承诺，商业银行都必须努力兑现。如果因各种原因无法实现承诺，则必须作出明确、诚恳的解释。

（3）确保及时处理投诉和批评。商业银行出现问题要及时改正并正确处理投诉和批评，这有助于商业银行提高产品和服务的质量和效率。

（4）尽量保持大多数利益相关者的期望与商业银行的发展战略相一致。商业银行应对不同利益相关者的期望进行分类排序，一旦发现某些利益相关者的期望和商业银行的未来发展相冲突时，董事会和高级管理层必须作出取舍。

（5）增强对客户/公众的透明度。客户不应是产品和服务的被动接受者，商业银行应将产品研发、未来计划向客户告知，并广泛征求意见，以提前预知和防范新产品和服务可能引发的声誉风险。

（6）将商业银行的社会责任感和经营目标结合起来。高级管理层应当制定详细的企业社会责任行动方案，力争更多地服务和回馈社会，创建更加友善的机构和人文环境，以利于更稳健、持久地实现商业战略。

（7）保持与媒体的良好接触。商业银行需要通过不同媒体，定期或不定期地宣传商业银行的价值理念。发言人制度、首席执行官的媒体访谈以及可信赖的第三方都可以成为商业银行在利益相关者以及公众心目中建立积极、良好声誉的重要媒介。

（8）制定危机管理规划。商业银行应当制定声誉风险管理应急机制，并定期测试以确保危机时刻商业银行的反应及时、恰当。对于难以评估的风险威胁，可以参照其他商业银行的历史情景，测试自身在同样情况下的危机处理能力。

第二节　战略风险管理

战略风险管理就是基于前瞻性理念而形成的全面、预防性的风险管理方法，已得到国际上越来越多的金融机构的高度重视。

商业银行的战略风险管理具有双重内涵：一是商业银行针对政治、经济、社会、科技等外部环境和内部可利用资源，系统识别和评估商业银行既定的战略目标、发展规划和实施方案中潜在的风险，并采取科学的决策方法和风险管理措施来避免或降低可能的风险损失。二是商业银行从长期、战略的高度，精心地规划和实施信用、市场、操作、流动性以及声誉风险管理，确保银行健康、持久营运。

一、战略风险管理的作用

商业银行进行战略风险管理的前提是接受战略管理的基本假设：①准确预测未来风险事件的可能性是存在的；②预防工作有助于避免或减少风险事件和未来损失；③如果对未来的风险加以有效管理和利用，风险则有可能转变为发展机会。

战略风险管理通常被认为是一项长期性的战略投资，实施效果需要很长时间才能显现。实质上，商业银行可以在短期内便体会到战略风险管理的诸多益处：比竞争对手更早采取风险控制措施，可以更为妥善地处理风险事件；全面、系统地规划未来发展，有助于将风险挑战转变为成长机会；对主要风险提早做好准备，能够避免或减轻其可能造成的严重损失；避免因盈利能力出现大幅波动而导致的流动性风险；优化经济资本配置，并降低资本使用成本；强化内部控制系统和流程；避免附加的强制性监管要求，减少法律争议或诉讼事件。战略风险管理强化了商业银行对于潜在威胁的洞察力，能够预先识别所有潜在风险以及这些风险之间的内在联系和相互作用，并尽量在危机真正发生之前就将其有效地遏制。

二、战略风险管理的基本做法

（一）明确董事会和高级管理层的责任

董事会和高级管理层负责制定商业银行的战略风险管理

原则和操作流程，并在其直接领导下，设置战略管理/规划部门，负责识别、评估、监测和控制战略风险。董事会和高级管理层对战略风险管理的结果负有最终责任。

董事会和高级管理层负责制定商业银行最高级别的战略规划，并使之成为商业银行未来发展的行动指南。虽然重大的战略规划优势需要提请股东大会审议、批准，但并不意味着战略规划因此而保持长期不变。相反，对战略规划应当定期审核或修正，以适应不断发展变化的市场环境和满足利益相关者的要求。为了使商业银行所有员工理解战略规划的内容和意义，并确保与日常工作协调一致，董事会和高级管理层制定战略规划时，应当首先征询最大多数员工的意见和建议，所有业务领域和职能部门对于竞争优势、现存问题等方面的深入见解，都有助于战略规划和实施方案的制定更加符合实际情况，并减少可能对资本充足率和盈利能力造成的不利影响。在董事会和最高管理层的强力支持下，战略规划应当在商业银行内部广泛传播、深入沟通，以争取更多的支持和配合。

（二）战略风险管理流程

战略风险管理流程包括：明确战略发展目标，制定战略实施方案，识别、评估、监测战略风险要素，执行风险管理方案，并定期自我评估风险管理的效果，确保商业银行的长期战略、短期目标、风险管理措施和可利用资源紧密联系在一起。

1. 战略风险识别

与声誉风险相似，战略风险产生于商业银行营运的所有层面和环节，并与市场、信用、操作、流动性等风险交织在一起。通常，战略风险识别可以从战略、宏观和微观三个层面入手。

（1）在战略层面，高级管理层必须全面、深入地评估商业银行长期战略决策中可能潜藏的战略风险。例如，进入或退出市场、提供新产品或服务、接受或排斥合作伙伴、建立企业级风险管理信息系统等重要决策是否恰当。

（2）在宏观层面，信用风险参数的设定、投资组合的选择/分布、一级市场营销行为等涉及商业银行当前利益的经营管理活动可能存在相当严重的战略风险，并与整体战略目标发生冲突。例如，资产投资组合中存在高风险、低收益的金融产品。

（3）在微观层面，前台的风险管理结果直接影响商业银行的业绩表现，因此所有行为必须被严格限制在相关业务岗位的操作规程之内，并要求各岗位工作人员恪守风险管理政策和指导原则。这些政策和原则可能存在一定程度的战略风险。例如，忽视对客户理财人员的职业技能和道德操守培训，有可能在短期内给商业银行带来争议和法律诉讼，长期则可能丧失宝贵的客户资源。

具体而言，商业银行所面临的战略风险可以细分为：

（1）产业风险。我国金融业开放后，商业银行之间竞争更加激烈，将不可避免地出现收益下降、产品或服务成本增加、产品或服务过剩的现象。

（2）技术风险。现代商业银行管理必须依赖先进的信息系统来作为支持，特别是风险管理信息系统的技术含量更高，对风险管理人员的要求更加全面，信息系统的安全性也很重要。商业银行必须保证所采用的信息系统具有高度的适用性、安全性和前瞻性，以避免因技术保障或系统局限性造成的经济损失。

（3）品牌风险。激烈的行业竞争必然造成优胜劣汰，产品或服务的品牌管理直接影响了商业银行的盈利能力和发展空间。特别是高度依赖公众信息而生存的商业银行，如果缺乏独特的品牌形象和吸引力，将可能遭遇严重的生存危机。

（4）竞争对手风险。商业银行需要与越来越多的非商业银行竞争零售和企业客户。强大的压力迫使商业银行积极推出新的金融产品和服务、强化营销渠道管理，以及提高研究开发的成本收益率。

（5）客户风险。经济发展及市场环境变化必然导致商业银行的客户偏好逐渐发生转移，客户维权意识和议价能力也日益增强。商业银行如果不能根据客户需求的改变而创造需求，则有可能丧失宝贵的客户资源。而且如果商业银行的核心业务集中在少数客户或产业上，将可能遭受巨大的风险损失。

（6）项目风险。商业银行同样面临诸如产品研发失败、技术开发失败、进入新市场失败以及兼并收购失败等风险，与之相关的决策错误可能造成严重的经济损失，甚至令商业银行一蹶不振。

（7）其他例如财务、营运以及多种外部风险因素，都可能会对商业银行的管理质量、竞争能力和可持续发展造成威胁。

正确识别上述战略风险因素，有助于商业银行由被动防守转变为主动出击，通过积极采取新产品或服务研发和需求创新等战略性措施，提高盈利能力和竞争能力。

2. 战略风险评估

战略风险是无形的，因此难以量化。在评估战略风险时，应当首先由商业银行内部具有丰富经验的专家负责审核一些技术性较强的假设条件，例如整体经济指标、利率变化/预期、信用风险参数等；然后由战略管理/规划部门对各种战略风险因素的影响效果和发生的可能性做出评估，据此进行优先排序并制定恰当的战略实施方案（见表6-1）。

表6-1　　　　　　　　战略风险评估及实施方案

风险影响	战略实施方案		
显著	采取必要的管理措施	必须采取管理措施、密切关注	尽量避免或高度重视
中度	可接受风险、持续监测	应当采取管理措施	必须采取管理措施
轻微	接受风险	可接受风险、持续监测	采取管理措施、持续监测
风险发生的可能性	低	中	高

3. 监测和报告

商业银行通常采取定期自我评价的方法，来检验战略风险管理是否有效实施。战略管理部门对评估结果的连续性和波动性进行长期、深入、系统化的分析和监测，非常有利于商业银行清醒地认识市场变化、营运状况的改变以及各业务领域为实现整体经营目标所承受的风险。董事会和高级管理层应当定期审视和讨论战略风险分析监测报告，对未来战略规划和实施方案进行调整。内部审计部门应当定期审核商业银行的战略风险战略管理流程。

（三）恰当的战略风险管理方法

有效的战略风险管理应当定期采取从上至下的方式，全面评估商业银行的愿景、短期目的以及长期目标，据此制定切实可行的实施方案，并体现在商业银行的日常风险管理活动中。

商业银行战略风险管理的最有效方法是制定以风险为导向的战略规划和实施方案，并深入贯彻在日常经营管理活动中。

首先，战略规划应当清晰阐述实施方案中所涉及的风险因素、潜在收益以及可以接受的风险水平，并且尽可能地将预期风险损失和财务分析包含在内。例如，在信用卡业务扩展规划中，应当认真评估预期收入增长率、当前市场持续发展能力、人力资源/技术设备要求、业务扩展所产生的信用风险规模等基本假设条件。经过评估并具有较高可信度的假设，可以应用于战略实施方案中的风险评估，并针对风险敞口的规模提出适当的控制方案。

其次，战略规划必须建立在商业银行当前的实际情况和未来的发展潜力基础之上，反映商业银行的经营特色。例如，大型商业银行普遍擅长零售业务，有能力将更多资源和技术持续投入到大规模零售业务系统中；小型商业银行则可以在某些专业领域采取先进的信息系统或与第三方合作，在细分业务领域与大型商业银行展开竞争，或利用地域、专业优势，服务于要求相对复杂的企业/零售客户，其利润率往往明显高于普通零售客户。不同规模的商业银行只有通过全面、细致的战略规划，才能进行清晰的市场定位，创建特色产品或服务，在相对强势的业务领域保持竞争优势，最终实现长期战略发展目标。

最后，战略规划应当从战略层面开始，深入贯彻并落实到宏观和微观操作层面。在商业银行内部，不同业务领域和某些员工有时对遵守风险管理政策和原则并按照流程处理业务持消极态度，甚至认为风险管理是人为地设置障碍或形同虚设。如果商业银行的所有员工都能积极参与到风险管理的战略规划中，将有利于加深员工对风险管理重要性的认识，使风险管理和控制流程更容易贯彻和执行。

战略风险管理的另一重要工具是经济资本配置。利用经济资本配置，可以有效地控制每个业务领域所承受的风险规模。商业银行应当参照各业务部门的经过风险调整的收益率，审核和批准业务计划以及相应的资本分配方案。

第七章　风险管理文化

　　近年来，依据《巴塞尔新资本协议》的严格风险准则，我国商业银行逐步确立了"全球的风险管理体系、全面的风险管理范围、全员的风险管理文化、全程的风险管理过程、全新的风险管理方法和全额的风险计量"的全面风险管理战略，并付诸实践，取得了较好的效果，全面风险管理基本框架已现雏形。然而，我国风险管理文化建设相对滞后，全面风险管理对商业银行可持续性发展和实现经营价值最大化的支持效能无法充分发挥。同时，美国次贷危机引发了全球金融危机，使得全球经济陷入经济衰退的窘境，我国商业银行正面临着更多、更为复杂的风险，风险管理形势严峻，风险管理文化建设要求更加迫切。

一、风险管理文化的内涵

　　风险管理文化是指以银行企业文化为背景，贯穿以人为本的经营理念，在经营管理和风险管理活动过程中逐步形成，并为广大员工认同和自觉遵守的风险管理理念、风险价值观念和风险管理行为规范。风险管理文化是一种集现代商业银行经营思想、风险管理理念、风险管理行为、风险管理道德标准与风险管理环境等要素于一体的文化理念，是商业银行企业文化的重要组成部分。风险管理文化一般由风险管理理念、知识和制度三个层次组成，其中风险管理理念是风险管理文化的精神核心，也是风险管理文化中最为重要和最高层次的因素，比起知识和制度来，它对员工的行为具有更直接和长效的影响力。

风险管理文化是银行风险管理活动的凝练和升华，是得到员工认同并自觉遵循的价值观念和行为准则。风险管理文化既强调精确的技术处理，又强调深刻的人文观念。它决定了商业银行在风险管理上的价值取向、行为规范和道德水准，对商业银行风险管理有着重要的影响。

二、风险管理文化的作用

（1）风险管理文化是全面风险管理体系的灵魂。随着体制改革和业务拓展，我国商业银行面临的风险将是集市场风险、信用风险、操作风险为一体的综合性风险，而经济金融全球化以及日益激烈的金融市场竞争对现代商业银行风险管理也提出了更高的要求。这就要求各商业银行必须构建全面风险管理体系，而全面风险管理体系建设必须以先进风险管理文化培育为先导。通过风险管理文化把风险管理的责任和意识扩散到每个业务部门和每个业务环节，并内化为员工的职业态度和工作习惯，最大限度地发挥员工在风险管理方面的主动性、积极性和创造性，才能使全面风险管理体系有效地发挥作用，才能使政策和制度得以贯彻落实，从而持续提升商业银行的风险管理水平和经营效率。

（2）风险管理文化是银行发展的巨大推动力。风险管理文化决定商业银行经营管理过程的风险管理观念和行为方式，在商业银行经营管理中占有十分重要的地位。一家银行倡导的文化，决定了这家银行在市场上能够走多远。银行采取什么样的业务发展战略，风险偏好，部门之间的业务关系是否顺畅，不同部门、不同层次的银行工作人员是否能够在重大的风险问题上达成基本的共识，规章制度是否充分合理并得到贯彻执行，出现了例外情况如何处理，这些问题都能体现银行的风险管理文化。因此，搞好风险管理文化建设是银行治行之本、动力之源、持续发展之基。只有培育良好的风险管理文化，把风险管理理念贯穿于银行业务的整个流程，使风险管理由高深、抽象的理论变为现实、生动的企业文化，才能使银行的经营目标和风险机制得以有效实现，在效益增长的同时把风险约束在可承受的范围之内。

（3）风险管理文化是银行保持持久竞争优势和经营价值最大化的坚实基础。风险管理文化是商业银行内部控制体系中的"软因素"，先进的风险管理文化和经营管理理念不是有形的规定，而是准确理解《巴塞尔新资本协议》监管要求，强化资本约束的理念，从而把风险管理作为商业银行经营管理的第一要务，依托于对风险全面而有效的管理来实现银行经营价值的最大化和保持持久竞争优势。将良好的风险管理文化作为企业文化的重要组成部分，作为企业文化与商业银行经营管理的最佳结合点之一，使商业银行走以内涵式为主的发展道路，以规范求发展，统筹速度、质量、效益和结构，真正实现四者的长期、有机统一。

（4）风险管理文化是银行增强凝聚力和向心力的有力武器。先进的风险管理文化是促进企业进步与发展的内在动力，它能使绝大多数银行员工具有正确的价值取向，从而易于对银行各项重大决策取得共识，激发使命感和责任感。先进的风险管理文化能培育职业道德，促使员工在深化企业改革、利益关系调整等变动中，正确妥善处理公与私的关系，能巩固和发展团结向上、协调稳定的群体关系。先进的风险管理文化在银行整个实践活动中界定员工的思想道德、情操和行为准则，激励员工自觉地按照企业总体水平、统一标准来规范自己的言行，强化员工的创业、敬业精神，为促进银行持续、协调、有效、和谐发展而勤奋工作。

三、构建先进的风险管理文化

（一）构建风险管理文化的三个层次

根据企业文化和管理学的理论，作为银行企业文化重要子系统的风险管理文化应由理念文化、行为文化和物质文化三个层次组成。理念文化是核心，行为文化和物质文化是理念文化的保证和表现形式，三者有机结合，共同组成银行风险管理文化的全部内涵。通过三个层次的建设，形成理念科学、制度完善、"三位一体"的健康全面的风险管理文化。

1. 风险管理理念文化

风险管理理念文化又叫风险管理精神文化，相对于风险管理行为文化和物质文化，它处于整个风险管理文化的最深层，并成为风险管理文化的灵魂和核心。

从内涵上讲，风险管理理念文化是指银行在长期发展过程中形成的，全体成员统一于风险管理方向上的思想观念、价值标准、道德规范和风险理论成果的总和。它是商业银行风险管理行为文化与物质文化、制度文化的一种总结与升华，是商业银行风险文化中最有活力、最有生命力、最有创造力的核心部分，是银行风险管理的思想上层建筑，即银行风险意识形态的总和。

从外延上讲，风险管理的理念文化包括：商业银行风险精神、商业银行风险价值观、商业银行风险控制观、商业银行风险管理观以及理论化、体系化的商业银行风险管理学。

从国际一流商业银行的实践看，风险管理有三个基本理念：

（1）平衡风险与收益的理念。风险与收益是一枚硬币的两面，风险本身就是事物的客观存在，既有损失的可能，也是盈利的来源。一般来说，风险与收益成正比，银行业务的性质决定了在获取利润时必须承担风险。商业银行风险管理的目标不是消除风险，而是通过主动的风险管理过程实现风险与收益的平衡。要注重风险和收益的平衡关系，敢于承担与预期收益相平衡的风险，通过有效识别、度量、监测和控制风险，追求盈利机会，形成对银行业务过度扩张的有效制约，促使商业银行良性、可持续发展。

（2）全面风险管理的理念。银行损失不再是由单一风险造成的，而是由信用风险、市场风险、操作风险等联合造成的，对风险的管理也应该是全范围、全过程、全员化的管理。全范围的管理就是要将信用风险、市场风险和操作性风险等不同类型的风险，资产业务、负债业务和中间业务等不同业务的风险，公司、零售、金融机构等不同客户的风险，都纳入统一的风险管理范围。全过程的管理就是风险管理应贯穿于业务发展的每一个过程，哪一个环节缺少风险管理，都有可能出现损失，甚至导致整个业务活动失败。风险管理必须实现过程控制，前移风险管理关口。全员的管理就是风险管理是每一个银行员工的责任，无论是董事会还是管理层，无论是风险管理部门还是业务拓展部门、后勤保障部门，每个岗位、每个人在做每项业务时都要考虑风险因素。

（3）边界管理的理念。风险边界管理就是要把握风险的度，守住那些危险地带，插上"标签"，业务运作不能越过这些边界，确保银行的平稳安全运行。银行计算经济资本占用带来的成本，并依据经济资本计算行业、区域和客户的风险限额，对限额实施指令性或指导性管理，风险限额实际上也就是银行的风险边界。

此外，国际一流商业银行的先进风险管理理念还包括：风险管理是商业银行的核心竞争力，是创造资本增值和股东回报的重要手段；风险管理战略应该纳入商业银行整体战略之中，并服务于业务发展战略；商业银行应该充分了解所有风险，建立和完善风险控制机制，对于不了解或无把握控制风险的业务，应该采取审慎的态度。

国内商业银行应对本行多年积累的风险管理理念进行提炼，借鉴国际先进风险管理理念，构建前、中、后台相一致的风险管理理念文化，用正确的风险理念引导全行员工，形成风险管理促进业务发展、业务发展赢得合理回报的良性循环。

2. 风险管理行为文化

如果把风险管理理念文化比喻成风险管理文化的灵魂，

那么风险管理行为文化就是灵魂的载体。在一个文化系统中，理念文化必须也必然要发挥灵魂、核心作用，从而渗透到行为文化和物质文化之中。而理念文化的渗透、指导、调整作用，必须有一个逻辑秩序和相应的行为活动，这就是首先通过行为文化的层面或环节发生。风险管理行为文化，一般包括风险管理的组织架构、制度规范和人的行为表现等。

在建立起现代企业制度的银行里，风险管理的组织架构是一个上下贯通、横向密切相连的网络，主要由股东大会、董事会及其专门委员会、监事会、高级管理层、风险管理部门以及财务控制部门、内部审计部门、法律合规部门等其他部门构成，在全系统内逐步建立起风险管理的垂直体系，独立运作，实现与业务经营的并行管理。

商业银行风险管理的制度规范，是指银行对经营活动中可能出现的各种风险进行预防和控制的一整套制度安排，包括内控机制和激励机制。在风险制度文化建设的过程中，首先要明确各项制度的适用范围和执行效力高低顺序；其次要针对各个环节和阶段，建立全过程管理，形成固有的流程和权限；最后，在此基础上，完善信息收集和传导反馈机制，并且进行周期性评审、梳理、清理和修订制度，保证制度持续有效。

行为表现一般是指人们进行某种活动的具体行为、具体操作中表现出来的稳定的行为习惯、行为规范、行为风格、行为风尚。它独立于风险管理理念文化和组织架构、制度规范，但又不可分割，因为人的行为总是在某种观念和环境支配、影响下形成、实施的。风险管理的行为风尚：遵纪守法、诚信敬业，两者内在一致，共同构成了对行为表现的基本要求。

培育风险管理文化要求商业银行牢牢抓住行为文化建设这一重要层面，构建具有商业银行特色的风险管理机制，让科学的风险管理理念引导制度建设，完善风险管理组织架构，并通过人的行为表现来发扬和发展风险管理理念。

3. 风险管理物质文化

风险管理物质文化，广义上包括两个重要组成部分：一是知识层面，即商业银行在风险管理过程中形成的技术和艺术，它包括银行对各种风险的评估能力、辨识能力、在风险收益上的权衡艺术以及对风险管理模型的开发与运用技巧；二是实物层面，即通过商业银行风险管理形成的安全的经营与管理产品、设施、设备和空间环境以及配套的各种物质保障手段等。狭义上，仅指风险管理的知识层面。

目前，我国商业银行风险管理物质文化在知识层面和实物层面均与国际先进银行相比有较大差距。前者主要表现为注重定性分析，主观性较强，定量分析技术缺乏，技术方法落后，技术和工具缺乏等。缺乏精确的度量，就很难对风险做出准确的甄别并对项目做出正确评估，这直接影响了银行风险管理的决策科学性，也降低了风险管理的透明度。后者主要表现为银行经营的产品缺乏定期风险评估、风险缓释功能不足，服务手段没有完全贴近市场需求，风险管理的信息系统和监控设施不完善且技术支持力度不够，经营环境缺乏鲜明和统一的文化特征等。商业银行经营的产品、提供的服务是商业银行经营管理的基本成果，商业银行经营环境是展现风险管理文化的主要窗口，而风险管理信息系统、监控设施等硬件设备是风险管理高效运作的重要保障，实物层面的文化缺乏，不但使全面风险管理体系难以发挥作用，而且会对银行经营形象和声誉产生不利影响。

我国商业银行建设风险管理物质文化主要应从以下几个方面入手：优化贷款风险监测和控制手段，吸收、借鉴国际一流商业银行风险管理技术和方法；加强风险管理信息化建设，搭建符合风险管理要求的信息科技平台，建立透明高效的风险信息报告体系；研究系统、科学的资产风险量化和评级技术，从主要依赖主观判断向积极引入现代风险管理方法、模型和技术转变；建立产品定期风险识别和评估机制；设计和推广全球统一的银行经营环境形象，形成品牌效应；根据市场需求，建立标准化和差异化的服务手段。

（二）风险管理文化的执行

（1）通过管理者的倡导来推进风险管理文化。领导重视是推进风险管理文化建设的先决条件。从文化经营角度看，银行高级管理层的使命就是创建并推行企业文化。各级管理人员首先要在其经营思想中形成正确的风险管理文化理念和风险管理价值观，通过对风险价值观念的提炼和风险管理文化建设方案的策划，为银行风险管理文化的构建指明方向。

各级领导的思路不仅要转为政策和语言，更要转化为实际行动，一方面要严于律己，身体力行，通过自己的行为、态度、语言及非语言信号来践行风险管理文化；另一方面要培养和塑造风险管理的模范人物，宣传报道模范人物的先进事迹，通过这两方面的榜样示范作用来推进风险管理文化建设。

（2）通过管理者与执行者的互动来传导风险管理文化。营造风险管理文化，不但需要管理决策层的积极倡导与策划，更要求每个机构的每位员工牢固树立风险意识，积极防范和控制业务风险。从管理者到执行者，要通过有效的推行与传播，努力转变员工的思想观念和行为模式，促进员工对全面风险管理的认知感、认同感和责任感，最终实现风险管理文化三个层面的有机衔接。把风险管理目标、风险管理理念和风险管理习惯渗透于每个部门、每个岗位和每个工作环节，并内化为每位员工的职业态度和自觉行为，力求最大限度地发挥各级员工在风险管理方面的主动性、积极性和创造性，在整个银行形成一种良好的风险管理文化氛围，形成一种风险防范与控制的道德评价和职业环境。

建立顺畅的沟通渠道，保证商业银行高管层对整个风险文化的设计、构思传达到一定的广度和深度。一是自上而下的沟通，确保风险指令传达的及时性，避免或解决沟通中的干扰和失真问题。二是自下而上的沟通，确保员工意见及时反馈到高管层，使风险管理文化得到员工的理解和认同。三是员工之间的沟通，通过各种群体性的宣传、培训、比赛、检测等活动，在群体互动中塑造每位员工的风险管理行为习惯、行为品质、行为风尚。

（3）通过科学的激励约束机制来塑造风险管理文化。建立起一套有利于专家型人才脱颖而出的激励约束机制。加强职业生涯规划的辅导，建立起透明、公开的人才选拔机制。专家序列要更突出专业专注的特点，每一类别下的等级一定要合理，标准一定要清晰具体，尤其是专业素质的要求，一定要紧扣商业银行风险管理的特点，进行必要的细化和量化。同时，要在使用中不断地培训，提升专家的层次，使其不断适应更高、更重要的新的职位，从而不断增进其成就感和归属感。

要在对银行各类风险深入研究的基础上，形成系统科学的风险控制与奖惩制度，一方面让每一位员工认识到自身的工作岗位上可能存在的危险，时刻警觉，形成防范风险的第一道屏障；另一方面，为员工提供能满足其对企业回报预期的资源或支持，创造良好的工作氛围，提升员工的投入程度。通过构建有利于调动员工积极性的激励约束机制，培育有利于知识型、创造型人才成长的风险管理文化，加强员工创新能力的培养，优化人力资本与银行其他资源的配置，增进组织内部各成员的有效沟通，让人力资本的效用最大化。

（4）通过以人为本的经营理念来构筑风险管理文化。人是创造文化的主体，又是传承文化的载体，培育风险管理文化要贯彻以人为本的经营理念。

以人为本，首先要创造良好的工作环境，包括构筑管理者与员工之间以及员工相互之间顺畅的沟通渠道；确保人力资源管理制度的科学性和公平性，知人善用，用人唯贤；挖掘员工的最大潜能，鼓励员工不断创新工作方法，激励其发挥聪明才智。

其次，要建立科学的专业人员任职机制，应积极推行风险经理制度，建立和完善风险经理的任职资格、工作职责、业绩评价和考核管理机制，逐步建设起一支高素质的风险管理队伍。

第三，要加强对员工队伍的教育培训，传授风险管理理论和方法，提高员工的业务水平和专业技能，同时着力培养员工的创新能力，使员工在风险管理技能方面不断得到强化，在风险管理意识方面不断超越自我，紧跟国际银行发展步伐。

（5）通过建立长效发展机制来不断完善风险管理文化。我国银行业在相当长的一段时间里，普遍"重业务发展，轻风险管理"，盲目追求效益，对风险的认识不足、控制乏力，产生了大量的不良资产，也出现了很多违法、违规、违纪行为，并为此付出了沉重代价。目前，这种落后的传统价值观念仍然不同程度地影响了各商业银行的改革与发展，风险管理还没有渗透到商业银行的每一项业务、每一个环节中，更没有渗透进每一个人的头脑当中，还未成为银行经营管理当中的一种习惯。因此，我国商业银行的风险管理文化建设不是一朝一夕就能完成的事情，也不能搞突击式的"面子工程"，必须建立一种长效发展机制。我国商业银行风险管理文化的长效发展机制应该是以科学发展观为指导，进行全面的风险管理，借鉴国际一流商业银行的实践经验，继承传统文化中健康向上、有利于银行发展的精华，在理念、行为、物质三个层面上建立具有内在自我完善功能、在银行持续经营中能长期发挥作用的先进风险管理文化。

参考文献

[1] 中国银行业从业人员资格认证办公室. 风险管理 [M]. 北京：中国金融出版社，2009.

[2] 巴曙松.《巴塞尔新资本协议》研究 [M]. 北京：中国金融出版社，2003.

[3] 倪锦忠，张建友，闻玉璧. 现代商业银行风险管理 [M]. 北京：中国金融出版社，2004.

[4] 王春峰. 金融市场风险管理 [M]. 天津：天津大学出版社，2001.

[5] 陈燕玲. 金融风险管理 [M]. 合肥：安徽大学出版社，2008.

[6] 中国银行业监督管理委员会. 商业银行市场风险管理指引 [G] //中国银行业监管法规汇编. 北京：法律出版社，2010.

[7] 梁世栋，等. 信用风险模型比较分析 [J]. 中国管理科学，2002（2）.

[8] 李志鸿，宫婧. 我国商业银行信用风险的管理及改进建议 [J]. 西南金融，2008（12）.

[9] 严太华，程映山，李传昭. 商业银行信用风险量化和管理模型的应用分析 [J]. 重庆大学学报，2007（7）.

[10] 张德栋. 次贷危机及对商业银行信用风险管理的

启示 [J]. 经济师, 2008 (10).

[11] 崔佳, 王涵生. 银行信用风险管理及启示 [J]. 金融理论与实践, 2008 (4).

[12] 郑良芳. 银行业信用风险有效管理的分析 [J]. 经济与金融, 2008 (7).

[13] 杨军. 银行信用风险——理论、模型和实证分析 [M]. 北京：中国财政经济出版社, 2004.

[14] 田宏伟, 张维. 商业银行信用风险 [M]. 北京：商务印书馆, 2002.

[15] 刘晓星. 现代信用风险计量模型比较研究 [J]. 广东商学院学报, 2006 (2).

[16] 中国银行业监督管理委员会. 商业银行市场风险资本计量内部模型法监管指引 [G] //中国银行业监管法规汇编. 北京：法律出版社, 2010.

[17] 戴科, 彭智. 商业银行市场风险管理中的 VaR 模型 [J]. 价值工程, 2005 (8).

[18] 孙良斌. VaR 模型及其在我国商业银行利率风险管理上的应用 [J]. 财经界, 2006 (6).

[19] 韩军. 现代商业银行市场风险管理理论与实务 [M]. 北京：中国金融出版社, 2006.

[20] 周大庆, 等. 风险管理前沿 [M]. 北京：中国人民大学出版社, 2003.

[21] 中国银行业监督管理委员会. 商业银行操作风险管理指引 [G] //中国银行业监管法规汇编. 北京：法律出版社, 2010.

［22］张吉光. 商业银行操作风险识别与管理［M］. 北京：中国人民大学出版社，2005.

［23］厉吉斌. 商业银行操作风险管理［M］. 上海：上海财经大学出版社，2008.

［24］樊欣，杨晓光. 操作风险度量：国内两家股份制商业银行的实证分析［J］. 系统工程，2004（5）.

［25］张磊，邵玲. 当前我国商业银行操作风险度量研究［J］. 当代财经，2008（9）.

［26］田玲，蔡秋杰. 中国商业银行操作风险度量模型的选择与应用［J］. 中国软科学，2003（8）.

［27］刘桂荣，赵妍. 基于收入模型的商业银行操作风险的实证分析［J］. 华东理工大学学报：社会科学版，2008（3）.

［28］刘睿，李金迎. 基于股票收益的操作风险资本估计——自上而下方法［J］. 管理科学，2008（6）.

［29］汪俊鹏. 基于收入模型的商业银行操作风险实证研究［J］. 当代经济，2007（11）.

［30］张学陶，童晶. 商业银行操作风险实证分析与风险资本计量［J］. 财经理论与实践，2006（3）.

［31］中国银行业监督管理委员会. 商业银行流动性风险管理指引［G］//中国银行业监管法规汇编. 北京：法律出版社，2010.

［32］李洪斌. 商业银行流动性风险管理［M］. 长沙：湖南人民出版社，2007.

［33］中国银行业监督管理委员会. 中国银行业实施新资

本协议指导意见［G］//中国银行业监管法规汇编．北京：法律出版社，2010．

［34］李琦，欧阳谦．商业银行的流动性管理与资金使用效率［J］．中国金融，2004（18）．

［35］聂泉，胡志浩．商业银行流动性风险管理［J］．银行家，2008（7）．

［36］郭少杰，杨洁．我国商业银行流动性风险管理［J］．黑龙江对外经贸，2006（10）．

［37］刘晓星，王健．基于 VaR 的银行流动性风险管理［J］．现代金融，2006（1）．

［38］潘科峰．开放形势下的商业银行流动性风险管理［J］．世界经济情况，2007（4）．

［39］中国银行业监督管理委员会．商业银行银行账户利率风险管理指引［G］//中国银行业监管法规汇编．北京：法律出版社，2010．

［40］左晓慧，查静．论我国商业银行利率风险管理［J］．经济问题，2005（7）．

［41］中国银行业监督管理委员会．商业银行声誉风险管理指引［G］//中国银行业监管法规汇编．北京：法律出版社，2010．